AF259550

SÉCURITÉ ET LIBERTÉ DE LA FRANCE

OU

PROJET

D'UNE

RÉORGANISATION GÉNÉRALE

PRÉFACE

L'auteur de ce travail fait appel à la presse en général et à la presse provinciale en particulier.

Tout en affirmant loyalement ses préférences monarchiques, il présente un projet de réformes que tous les partis peuvent adopter, sans abdiquer, soit en le modifiant, soit en l'acceptant tel qu'il est proposé. Il est temps de sortir des théories vagues, enfantées par des passions intéressées, il est temps de présenter enfin à l'Assemblée nationale des formules précises qui lui fassent connaître les vœux de chacun et l'aident dans la tâche difficile qui lui incombe. Sans ces avis, patriotiquement et *honnêtement* énoncés, elle peut continuer à penser que la France désire conserver le *régime* qui l'a privée de toutes ses libertés et qui l'empêche depuis près d'un siècle de fonder sa sécurité.

Dans la situation où se trouve notre pays, si la presse qui représente une partie de l'opinion publique, n'exprime pas nettement, *par des projets écrits*, comment elle entend que soit enfin constituée l'organisation administrative et politique de la France, elle assumera, avec les ambitieux qui entravent toute constitution sérieuse et définitive, une responsabilité d'autant plus grande que le moment est plein de périls.

Il ne pourrait suffire pour que cette manifestation soit efficace, de déclarer qu'on est monarchiste ou républicain, il serait essentiel que chacun expliquât comment il entend organiser la forme de gouvernement qu'il préfère. Jusqu'ici, la monarchie et la république se sont bornées à changer tour à tour l'*Étiquette du Frontispice*, en conservant soigneusement les mêmes moyens d'exploiter ou de gouverner la France à leur profit. Ne faut-il pas sortir enfin de cet imbroglio ?

SÉCURITÉ ET LIBERTÉ DE LA FRANCE

OU

PROJET

D'UNE

RÉORGANISATION GÉNÉRALE

CHAPITRE I

En présence du désarroi dans lequel est tombée l'Assemblée nationale, il est difficile d'espérer que des projets de réformes, fussent-ils de nature à répondre aux aspirations du plus grand nombre, et à assurer la sécurité publique, puissent attirer l'attention des hommes politiques (1). Mais l'état de la France, les dangers qui la menacent, font à chacun de nous une obligation de n'écouter que la voix du devoir, sans se laisser arrêter par une autre pensée. L'Assemblée nationale, image trop réelle du pays, s'est entièrement méprise sur l'esprit des réformes qu'elle devait accomplir pour assurer l'avenir de la nation. Au lieu d'organiser la société assez fortement pour la mettre désormais à l'abri des coups de main et des gouvernements d'aventure, elle s'est péniblement traînée dans les voies illibérales inaugurées par la révolution.

Il était indispensable cependant de modifier une organisation qui avait été combinée, moins pour assurer l'ordre et la liberté

(1) On n'a rien fait pour paralyser les effets dissolvants de ces deux instruments puissants mais terribles : La centralisation et le suffrage universel. Ils seront, si on ne les modifie pas, pour l'Assemblée et le Gouvernement la robe de Nessus.

que pour un nivellement qu'elle n'a que trop contribué à réaliser ; il était nécessaire de reprendre la chaîne des temps, nos traditions, les principes de notre civilisation en leur imprimant une impulsion nouvelle en harmonie avec nos mœurs et nos idées actuelles.

Si la révolution de 89, en établissant l'égalité des charges, l'égalité devant la loi, la libre accession de tous aux emplois publics et à tout ce qui peut élever la situation de l'homme, a été un progrès, celle de 93 a complétement fait avorter ce progrès, et nous a précipités dans un désordre qui n'a pas cessé et qui ne peut cesser qu'autant que cesseront les causes qui l'ont produit.

L'esprit révolutionnaire en répudiant les idées religieuses qui sont les bases du progrès, pour se mettre à la suite d'un philosophisme menteur, a non-seulement favorisé toutes les violences, mais encore rétabli, sous d'autres formes, les priviléges qu'il entendait détruire.

Sans doute, la gloire artistique ou militaire et la prospérité matérielle, en plaçant notre pays au premier rang des nations, ont pu donner le change à l'opinion publique ; mais les principes délétères, sur lesquels on a prétendu asseoir nos institutions, se sont développés de plus en plus et ont produit ces révolutions périodiques dont le retour est pour ainsi dire calculable.

Si on peut encore nier les causes, on ne peut au moins nier les effets devant les ruines qui frappent tous les regards. Pendant les trois quarts de siècle qui viennent de s'écouler toutes les nuances du parti libéral et du parti révolutionnaire, les modérés et les violents, ont tour à tour occupé le pouvoir sans qu'aucun malheur les ait éclairés, et sans qu'aucun ait pu, par des institutions équitables, concilier nos traditions, les principes de notre origine avec les progrès indéfinis qu'ils portent en germe. En effet, si l'esclavage antique, le servage, la subordination excessive des classes inférieures, ont disparu devant la civilisation chrétienne et les efforts de la royauté, que sont devenus le travail et le paupérisme devant la révolution ?

Qui oserait dire qu'on y a pourvu, et qu'en assurant l'un on a paralysé l'autre ? Hélas ! rien de sensé, ni de sérieux, ni de suivi, n'a été fait dans cette direction ; on n'a produit que de déplorables déplacements, d'indignes élucubrations anti-sociales, dépourvues de raison, d'esprit pratique et qui ont fait naître, un jour, cette caractéristique inscription sur le drapeau de l'émeute : « Vivre en travaillant ou mourir en combattant. »

On a confondu, en repoussant les principes d'où elles émanent, l'égalité et la liberté : on en a dénaturé le sens pour ne *rien tenir du passé*. Le libéralisme a cru qu'il suffisait, *comme dans les sociétes païennes*, de soumettre tous les membres de la société au même régime, à la même loi, quelle qu'elle fût, pour satisfaire aux exigences des idées chrétiennes d'égalité et de liberté. Il n'en a pas compris la portée ni la grandeur, il n'a toujours envisagé que quelques abus, et son ignorance entêtée, nous a placés sur le bord de l'abîme.

Les lois qu'il a faites, les systèmes administratifs qu'il a appliqués à la société et les définitions qu'en ont données ses représentants les plus autorisés sont là pour le prouver. « *La liberté est le despotisme de la loi...* » disait M. Casimir Périer, qui a laissé un nom distingué. Voilà l'erreur qui entrave parmi nous tout progrès libéral vrai !

Non ! la liberté n'est pas le despotisme de la loi : non ! l'égalité ne consiste pas à soumettre tous les membres de la société à une même mesure. Il n'y a jamais de liberté là où existe un *despotisme* quelconque, que ce soit celui de la loi ou d'un dictateur. La liberté est l'inverse du despotisme, comme l'égalité est l'inverse du nivellement : ces grands principes sont au-dessus des combinaisons variables des lois humaines.

Que la morale et la loi faites à son image et dans son esprit, corrigent sans cesse les effets de l'inégalité qui est dans la force des choses, rien de plus juste, mais à la condition de respecter *toujours* et *partout*, les situations acquises par le labeur des familles ou de chacun. La liberté, enfin, doit être, sous la réserve des droits d'autrui, de *laisser chacun faire ce qui ne regarde que l'individu.*

On n'était pas plus libre à Sparte où la loi réglait toutes les moindres actions des citoyens, qu'on ne l'était à Persépolis où le grand roi régnait en maître absolu.

La loi valait mieux, sans doute, que la volonté du grand roi, mais elle n'était pas moins tyrannique en ce sens qu'elle se mêlait d'une foule de choses qui, selon nos idées, ne regardent que l'individu.

C'est là ce qui différencie la civilisation païenne de la civilisation moderne ou chrétienne. Dans la première, l'État était *tout;* dans la seconde, il ne doit être qu'un moyen. Dans l'antiquité, l'État avait une religion ; qu'on y crût ou qu'on n'y crût pas, il fallait la pratiquer extérieurement ; il était chargé d'instruire tout le monde parce qu'il s'agissait bien plus de faire des citoyens que des hommes. Dans les sociétés modernes ou chrétiennes, l'homme n'est plus développé pour l'usage d'une chose restreinte, mais pour des fins universelles : il ne s'agit plus de le dresser comme une sorte de machine pour un but déterminé, mais de le faire entrer dans un progrès indéfini, qui, en l'élevant sans cesse, le rend de plus en plus libre sans détruire aucune hiérarchie, aucune discipline. Le libéralisme de nos jours a compromis la liberté faute d'avoir compris les principes sur lesquels reposent les sociétés nouvelles. En effet, sous le Directoire, sous le Consulat, sous le Premier Empire, sous la Restauration elle-même, sous le Gouvernement de Juillet, sous la République de 1848, sous le Second Empire et enfin sous la République de 1870, les rhéteurs du libéralisme ont gouverné non-seulement avec les mêmes moyens sans assurer notre avenir, mais en aggravant de plus en plus notre situation. Après tous ces essais où en sommes-nous ? La plupart des hommes qui ont alternativement escaladé le pouvoir, en promettant beaucoup, ont suivi les mêmes errements que leurs prédécesseurs, et ils ont généralement été victimes des procédés révolutionnaires dont ils s'étaient servis pour satisfaire leur ambition.

Ils ont, à chaque révolution, été débordés par leurs adeptes et relégués parmi les réactionnaires et les suppôts du despotisme auquel, du reste, la plupart se sont, à l'occasion, et très-volontiers ralliés.

Beaucoup de ces libéraux ont passé au pouvoir sans avoir d'autre pensée que celle de jouir de leur triomphe, de propager parmi nous les idées désorganisatrices qui les avaient élevés et pouvaient seules les maintenir.

Toujours est-il qu'on ne saurait citer un projet d'organisation équitable, sorti du cerveau de ces prétendus politiques, assurant à la nation ses droits les plus nécessaires ; ils se sont constamment attardés aux institutions émanées des hommes de la Terreur ou du despotisme le plus effréné. Les dix ou douze gouvernements que nous avons eus depuis quatre-vingts ans, ont été la plupart plus préoccupés de leur conservation que de celle de la nation ; ils se sont tous, en changeant toutefois l'inscription du frontispice, servi des engins de la Terreur combinés avec une apparente modération. Le malheur du temps est même devenu tel que l'on en est arrivé à considérer la tyrannie comme un bienfait.

L'empereur Napoléon Ier, en mettant fin au désordre matériel, retint avec soin toutes les idées révolutionnaires qu'il pondéra sous le titre de : Constitution de l'an VIII, de façon à être le maître de tout. Cela ne demanda pas de grands efforts de génie ; il s'empara des âmes par les articles organiques qu'il établit au mépris de l'Église ; des intelligences en créant l'Université, des corps, en faisant des guerres perpétuelles et en tenant tous les rouages de l'administration dans ses mains. A cet effet il nomma lui-même en fixant leurs gros appointements, les députés, les sénateurs, les conseillers d'État, les préfets qui nommaient à leur tour les

maires et les membres des conseils généraux et municipaux. En outre, il devint l'arbitre du commerce et de l'industrie en faisant dépendre de sa volonté les patentes et le
droit de vente.

Il n'y avait plus qu'un seul journal, qui ne disait, bien
entendu, que ce que voulait le chef de l'État. Tel a été le
système que les écrivains libéraux, par une fausse appréciation
de notre histoire, de nos traditions et des principes qui ont
servi de base aux sociétés modernes, ont *constamment* prôné
dans leurs écrits et mis en pratique pendant trois quarts de
siècle avec une persévérance qui a pu faire croire que c'était
le chef-d'œuvre de l'organisation politique.

Ce régime déplorable, quoique modifié dans quelques-unes
de ses parties et tempéré par les mœurs, a été conservé dans
son ensemble machiavélique, et il a fini par produire une décomposition sociale telle, que la nation, détachée de ses gouvernements, désintéressée de ses propres affaires, ne sait plus se
constituer, et passe alternativement de l'anarchie au despotisme,
sans toutefois rien changer au régime qui l'opprime. Sans
doute beaucoup d'hommes distingués, l'Assemblée nationale
elle-même, voient le péril, mais ne peuvent s'entendre pour le
conjurer, tant, il faut bien le dire, les abus et les fausses idées
qu'ils ont fait naître, se sont identifiés à l'existence de chacun
de nous et de toutes les familles qu'ils tiennent enchaînées pour
ainsi dire. Cependant il faut sortir de cette lamentable situation,
sous peine de périr misérablement et *deshonorés* comme les
Grecs du Bas-Empire. Il serait à tout jamais regrettable que
l'Assemblée nationale de 1875 continuât à se traîner dans l'or-
nière révolutionnaire, à la suite de tous les gouvernements
d'aventure qui ont tant compromis l'existence de la société
française, sans pouvoir assurer sa sécurité et sa liberté. L'Assemblée nationale a eu l'honneur de supprimer les gardes nationales qui n'ont jamais rien gardé que le désordre, de se
maintenir à Versailles où elle a été jusqu'ici à l'abri des tours

de main des sociétés seerètes, formées dans les bas-fonds de la société parisienne. Ces fermes mesures qui ont contribué à sauvegarder l'ordre ne sauraient cependant continuer à produire leur effet qu'à la condition que les lois organiques soient inspirées par le même esprit de conservation et de sagesse.

L'Assemblée nationale doit voir, comme tout le monde, que les classes anarchiques ne pouvant plus agir par les gardes nationales et par les émeutes de Paris, se sont retournées vers l'armée qui sera, il faut l'espérer, fidèle à ses devoirs, et surtout vers le suffrage dit universel qui a échappé, jusqu'ici, à toute réglementation, et qu'elles ont la prétention, elles qui n'ont jamais cru à rien, d'élever à la hauteur d'un dogme.

La France, au nom et au profit de laquelle a toujours été censé s'exercer le pouvoir, est absolument en dehors de ce *système fait sans elle et contre elle* qui a fourni les moyens les plus efficaces et les plus hypocrites de la tromper.

Les plébiscites de Bonaparte ne sont-ils pas la plus vaste et la plus immorale escobarderie qu'il ait été donné de contempler ?

On plaçait insensiblement, manœuvre que ce parti essaie de renouveler, la nation entre l'anarchie et le despotisme; on lui laissait le choix... *et on attendait humblement la décision du peuple souverain* qui, naturellement, de deux maux, choisissait le moindre et élevait son chef sur le pavois, en lui donnant un blanc seing pour échapper à l'anarchie. Sommes-nous donc condamnés à tourner sans cesse dans ce cercle vicieux ?

La France ne peut être sauvée que par de grandes et larges réformes qui, en garantissant le développement des idées religieuses, de la famille, du travail, de la propriété et de la liberté, assureront le respect d'une autorité qui, seule, peut fermer nos plaies et nous faire reprendre, parmi les nations modernes, le rang que les révolutions nous ont fait perdre.

Les circonstances, quoi qu'en puissent dire les ambitieux

ou les politiques à courte vue, se prêtent à des réformes sérieuses qui, en conciliant le présent avec le passé, laisseraient
à la nation la gestion des affaires qui ne regardent que l'individu et qui ont été pour l'Etat plutôt un impedimenta qu'un
moyen efficace de gouvernement. Si, jusqu'ici, le système gou-
vernemental a mis *toutes les forces sociales entre les mains
du pouvoir central*, il doit en être autrement dans l'avenir.
Il est indispensable que, tout en laissant des moyens d'action
puissants au pouvoir, une grande partie des forces laissées
aujoud'hui à sa disposition, soient dans l'avenir abandonnées à
l'initiative particulière. Espérer arriver à la régénération du pays
par la concentration de toutes les ressources entre les mains du
pouvoir qui continuera à les distribuer comme il l'entendra,
serait la plus décevante des chimères, ce serait consommer notre
ruine. Jamais on n'établira la sécurité et encore moins la liberté
et l'instruction au moyen d'un régime, sous l'empire duquel ont
éclaté douze ou quatorze révolutions dans quatre-vingts ans, et
qui a, quel que soit le nom qu'il ait pris, tout dirigé, tout réglé,
tout instruit et sans laisser aux citoyens d'autre droit que celui
de payer les frais des expériences et des fautes de ses gouvernants.
Si les droits du plus faible comme ceux du plus fort doivent, dans
un ordre nouveau, être scrupuleusement assurés, il ne s'en suit
pas que l'on doive établir l'égalité de Procuste qui réduisait toutes
ses victimes à la même taille. Il ne peut s'agir d'un nivellement
insensé qui paralyserait tous les principes de la vie sociale et mettrait, s'ils revenaient au milieu de nous, l'intègre Vauban, l'illustre Chateaubriand, au niveau du crétin et du vagabond. Les
systèmes politiques dignes de la reconnaissance des peuples
doivent avoir pour mission d'élever sans cesse les membres de la
société, sans abaisser personne, et ceux qui reposent sur le principe du nombre ou de la force, surtout dans les sociétés où des
siècles de civilisation chrétienne ont accumulé un grand héritage
moral c des richesses matérielles immenses, sont non-seulement
stupides et désastreux, mais souverainement injustes : c'est le

monde renversé ; les enfants mis à la place du père et de la mère de famille. Ce n'est pas là, évidemment, qu'est le respect des droits de tous. C'est la négation de tous les principes qui ont constitué la grandeur et la richesse des nations modernes et chrétiennes, grâce auxquels elles ont laissé si loin derrière elles, dans le passé comme dans le présent, les nations païennes.

Le respect des droits de chacun consiste à garantir, par une organisation sagement pondérée, toutes les situations légitimement acquises et à donner à chacun les moyens d'aspirer par le travail à l'instruction, à la richesse, aux emplois, et à la direction des affaires publiques, en raison de sa capacité, de sa moralité et de la situation que l'on aura su acquérir. Si la société ne peut précisément être comparée à une société en commandite, il y a pourtant dans l'organisation de celle-ci beaucoup de points qui peuvent s'appliquer à celle-là. Dans la société en commandite, chacun possède une situation proportionnée à son apport et à sa capacité. On n'a pas songé à y introduire la suprématie du nombre, parce qu'elle en serait l'anéantissement. Mais, si dans l'ordre politique il en est un peu autrement, le résultat doit être cependant le même en embrassant des éléments plus complexes : fortune, intelligence, position, services, instruction, moralité, etc. Sous le bénéfice de ces réserves, chacun peut prendre part à la direction des affaires publiques, mais toujours en raison de son importance. Le contraire serait une iniquité qui, tout en ayant eu son jour et quoique rêvée encore par certains ambitieux, n'en doit pas moins être reléguée parmi les utopies dangereuses.

D'après ces considérations, le suffrage dit universel, qui n'est nullement et ne peut être la souveraineté nationale, résultat de droits acquis, de traditions, etc., est loin d'être établi sur des bases équitables et raisonnables, puisqu'il peut conduire à l'absurdité, c'est-à-dire, donner à certains moments, la direction de la société au nombre qui ne peut et ne doit jamais l'exercer.

Il est donc de toute raison, comme de toute justice, de réglementer le suffrage universel et d'amener, de par la loi, à la
gestion des affaires publiques, tous ceux que la force des choses
place partout à la tête, et que l'on peut désigner sous le nom
d'aristocratie naturelle.

Voici ce que les hommes d'Etat du Parlement anglais, ob-
jectaient à sir John Russel, qui avait eu certaines velléités de suffrage universel.

... « Il n'y a, lui dit-on, que deux principes en matière de
« représentation : l'un indifférent à la liberté qui livre le pouvoir
« au fait violent, brutal, accidentel de la majorité numérique ;
« l'autre qui veut assurer la représentation judicieuse, équita-
« ble, l'influence combinée sur le pouvoir de toutes les forces,
« de toutes les lumières qui composent une nation active, libre,
« vivante. Le système de la majorité numérique, excepté chez
« les peuples naissants où les intérêts sont peu compliqués
« encore, ne donne qu'une représentation mensongère, parce
« qu'aux diversités naturelles qu'engendre la vie d'une société
« intelligente et laborieuse, ce système substitue dans l'orga-
« nisation du pouvoir une factice, arbitraire, tyrannique
« unité.

« Ils disent que, pour corps politique formé d'éléments,
« d'intérêts, de forces complexes, il n'y a de vraie représen-
« tation qu'une représentation complexe aussi et organisée de
« telle sorte qu'aucune des facultés, des traditions, des in-
« fluences et des classes entre lesquelles la nation se divise,
« n'en soit pas absente, ou n'y puisse effacer ou opprimer les
« autres d'une façon durable.

« Au bout de l'expérience du système de la majorité numé-
« rique, ils voient deux écueils, la corruption et le despotisme,
« et dans les deux cas, un déplorable échec pour la liberté. Ils
« sanctionnent que, lorsque la fonction électorale descend dans
« les étages de la société ou manquent les lumières et l'indé-
« pendance, sans lesquelles la faculté de choisir n'est pas sé-

« rieuse, l'électeur est exposé à céder aux suggestions les plus
« grossières de l'intérêt privé ou à la pression d'une force dé-
« magogique qui sera bientôt remplacée par une force dictato-
« riale.

« Ils regardent comme un pas vers ces épreuves fatales, la
« mesure par laquelle John Russel, cherche à introduire dans
« le corps électoral anglais, sans contre-poids, sans précau-
« tions, sans garanties, trois ou quatre cent mille hommes pris
« exclusivement dans la classe ouvrière.

« Ils ne refusent pas à *cette classe intéressante, utile au*
« *pays*, une part dans la représentation nationale ; mais ils ne
« veulent pas qu'elle y prenne, à son propre détriment, la part
« *dominante* et qu'on se serve d'elle, de son ignorance, de ses
« impatiences et même de ses entraînements généreux, pour
« dénaturer et renverserser la constitution anglaise. »

Ces considérations si justes, si en rapport avec la civilisation
chrétienne et qui peuvent être appliquées partout, méritent
d'autant mieux d'être méditées et acceptées par les hommes
réellement libéraux de notre Assemblée nationale que... « seule,
« l'Angleterre a créé et maintenu depuis des siècles un régime
« social où personne n'est opprimé ni humilié, et où chaque
« Anglais peut marcher la tête haute en disant comme le roi :
« Dieu et mon droit. » (1).

Il est à désirer que nos gouvernants, éclairés par l'expérience,
en présence des faits révolutionnaires qui se déroulent nécessairement sous l'empire du même régime, n'hésitent pas
enfin à placer la France dans des conditions normales et dignes
de sa grandeur passée. Ces conditions ont été méconnues par des
sophistes qui, nourris des rêves humanitaires et des chimères
philosophiques de Rousseau, ont profité de leur passage au
pouvoir, pour mettre leurs utopies en action et imposer à la
société française un cercle de fer dans lequel elle se dénature
et se meurt.

(1) Comte de Montalambert. Avenir de l'Angleterre, p. 34, ch. VI.

Douter de ces faits, après tant de catastrophes qui les confirment, pour se renfermer dans une quiétude funeste ou dans des préventions, serait méconnaître l'histoire, ce serait s'endormir sur le bord de l'abîme.

La révolution ou l'anarchie est partout et s'infiltre de plus en plus dans les masses, à chaque effort que fait le gouvernement pour la combattre. Les demi-remèdes sont impuissants : on ne peut détruire la révolution qu'en supprimant ou au moins en modifiant les œuvres qu'elle a créées à son image, en vue de la destruction de ce qui était.

... « Pour rendre le peuple heureux, disait à la tribune de « la Constituante, Rabaut-Saint-Étienne, il faut le renouveler, « changer ses idées, changer ses lois, changer ses mœurs, « changer les choses, tout détruire, oui, tout détruire, puis- « que tout est à recréer. » Et Barrère, qui montait après lui à la tribune, s'écriait à son tour ... « Nous n'avons pris ce « parti (la division par départements) que pour effacer tout « *souvenir d'histoire*, tous les préjugés résultant de la com- « munauté des intérêts ou des origines ; tout doit être nouveau « en France et nous ne voulons dater que d'aujourd'hui. »

Ils voulaient faire la France à leur image : « Nous ne vou- « lons dater que d'aujourd'hui. » Voilà bien le mot fatal de la révolution ; voilà son esprit et celui de ce siècle, son mal et le nôtre : anarchie perpétuelle.

Comment a-t-on pu accepter si longtemps les moyens de gouvernement de ces énergumènes, tout en invoquant la liberté ?...

En présence de tous nos maux, dont les causes ne peuvent désormais échapper à aucun esprit honnête et clairvoyant, pourquoi s'acharner à maintenir ce qui les a produits et les aggrave sans cesse ?

S'il ne s'agit pas et s'il ne peut s'agir d'imiter Rabaut-Saint-Etienne et Barrère, il faut cependant se dire que l'on ne peut faire de l'ordre avec du désordre, ni construire un édifice solide avec des matériaux qui ne peuvent donner ce résultat.

..... « Ce que M. le garde des sceaux a voulu dire, et
« que je répète, disait, il y a plus de quarante ans, Royer-
« Collard à la tribune des députés : *C'est que toutes ces pro-*
« *positions* sont empreintes de la grande erreur de la révolu-
« tion, erreur qui fit peut-être la plus grande partie de ses
« crimes et qui fut de vouloir faire la liberté avec du despo-
« tisme, l'égalité avec le privilége et trop souvent la justice
« avec la violence et la cruauté.

« Il est temps de le savoir après trente années ! La liberté ne
« se fait qu'avec la liberté, l'égalité avec l'égalité, la justice
« avec la justice. Point de priviléges, Messieurs, c'est notre
« honneur de vivre sous la loi commune, ayons l'ambition d'y
« rester. »

Enfin, d'après toutes ces observations, il est évident que le problème à résoudre aujourd'hui est de trouver une organisation qui, *en respectant tous les droits acquis*, permette une distribution plus équitable du fonds commun, provoque jusqu'au fond des plus humbles hameaux le développement du travail productif, particulièrement le travail agricole, rattache les moindres citoyens au maintien de l'ordre au nom de leur intérêt, et fonde définitivement au milieu de nous la sécurité et la liberté que nous poursuivons en vain depuis près d'un siècle, mais comme des gens qui semblent craindre les moyens qui, seuls, peuvent les assurer.

CHAPITRE II

ORGANISATION DES COMMUNES

La Commune n'est plus ce qu'elle était dans le passé, une base de la société : elle a subi, de par la révolution, une transformation déplorable et complète : de libre qu'elle était, elle est devenue un mineur qui ne verra jamais, si cet état de choses continue, l'heure de la majorité se lever pour lui : elle ressemble quelque peu à un paria, au milieu de la civilisation.

Si la Commune fut jadis une sorte de tribu chrétienne, une grande famille, envoyant des colonies se réunir autour d'une nouvelle chapelle qui devenait une succursale de l'Eglise paroissiale, depuis quatre-vingt-treize elle a entièrement perdu ce caractère. Ses anciennes succursales qui, avant la révolution se nommaient, en Bretagne, tref ou trève, ont été, quelle que fût leur population, érigées en communes séparées.

Sous le prétexte de les affranchir, on les a privées de tous les appuis que le temps avait créés au milieu d'elles et autour d'elles, sans rien mettre à la place qu'un mensonge, la liberté…

« … La révolution, dit encore M. Royer-Collard, n'a laissé « debout que des individus ; elle a dissous jusqu'à l'association « pour ainsi dire physique : la *Commune.*

« Elle a dissipé jusqu'à l'ombre des magistratures déposi- « taires des droits et voués à leur défense. Spectacle sans « exemple ! On n'avait encore vu que dans les livres des phi- « losophes une nation ainsi décomposée et réduite à ses der- « niers éléments. *De la société en poussière est sortie la Cen-* « *tralisation.* »

Après avoir tout détruit on ne pouvait faire autre chose que de la centralisation, puisque tout ce qui pouvait garantir les droits et développer les intérêts, avait cessé d'exister.

La commune n'était plus, et ce n'est que par habitude que l'on a continué à appeler commune une agglomération flottante et sans cohésion (1) qui n'en a plus que le nom. Aujourd'hui, les neuf dixièmes de ces agglomérations, sans liens, sans ressources, sans guides, sont condamnées à n'avoir rien de ce qui pourrait les faire vivre et les arracher au sort déplorable

_____

(1) Toutes les observations qui précèdent au sujet de la commune concernent surtout les communes rurales.

que leur a fait la révolution. Il y a des communes de cinquante, de cent cinquante habitants : il y en a dix-huit cents au moins au-dessous de quatre cents âmes. Il est évident qu'un émiettement pareil ne pouvait se passer de la tutelle de la centralisation, donjon effroyable créé parmi nous par la révolution, qui continue à considérer la France comme une proie ! Dans la position faite aux communes, et particulièrement aux communes rurales, il est impossible d'y faire pénétrer un progrès régulier, parce qu'elles manquent de tout et qu'elles sont dans l'impossibilité de se créer aucune ressource : elles sont, quoi qu'en disent une foule d'écrivains qui ne les connaissent pas, au-dessous, très-au-dessous de ce qu'elles étaient dans le passé, même au point de vue de l'instruction, malgré tout le bruit qu'on a fait à ce sujet. Beaucoup d'institutions particulières, et notamment les corporations, créaient à la classe ouvrière des campagnes des ressources qu'elle n'a plus et qu'elle n'aura jamais avec le régime actuel.

Les sociétés de secours mutuels fondées à leur image, ne pénétreront point dans les trois quarts des communes rurales. Il faut enfin remédier à cette situation, et cela se peut, si l'on veut reconnaitre l'état vrai des choses et renoncer à tout parti-pris. Les communes n'étant plus qu'un assemblage de nomades sans liens, pour ainsi dire, peuvent être modifiées, sans soulever la moindre difficulté, à leur grand profit et au profit de l'ordre et des intérêts de la nation.

Si la circonscription de l'origine, la paroisse, doit rester ce qu'elle est, la commune civile rurale, devrait être portée à deux mille habitants au moins et à six mille au plus. Dans ces conditions, elle pourrait retrouver une partie des éléments nécessaires à tout progrès matériel comme à toute civilisation. Depuis que la révolution a détruit, dans les communes rurales, ce qui pouvait garantir leur indépendance et leur existence, elles se débattent en vain sous l'influence d'une tutelle qui, nécessaire dans l'état des choses, est certainement impuissante

à les reconstituer, à leur donner les moyens de développer leurs
ntérêts. On peut dire que leur situation, malgré certains
progrès matériels, s'aggrave moralement de jour en jour et
qu'elle peut créer un péril social. Il faut, en augmentant leur
population et par d'autres combinaisons financières, trouver
les moyens de leur procurer tous les éléments indispensables
au développement de leur aisance, de leur instruction et d'un
travail général qui aidera à affaiblir le paupérisme et à fermer
les plaies de la patrie

Pour entrer dans les vues énoncées ci-dessus, la loi municipale pourrait peut-être être conçue dans l'esprit, sinon dans la
forme ci-dessous.

PROJET

Art. 1er. — Les circonscriptions religieuses actuelles, dites
paroisses, restent ce qu'elles sont. Les communes rurales,
considérées comme agglomérations civiles, devront avoir deux
mille habitants au moins et six mille au plus.

Art. 2. — Les communes urbaines au-dessus de trente mille
âmes auront deux communes ; celles de soixante mille jusqu'à
cent mille, auront trois communes, et celles au-dessus de cent
mille, quatre au moins et six au plus, non compris Paris.

Art. 3. — Chaque commune aura un conseil municipal,
un maire et deux adjoints.

Art. 4. — Le conseil municipal sera élu pour six ans par
tous les électeurs de la commune qui sera divisée par sections,
deux au moins, et quatre au plus.

Art. 5. — Sont électeurs communaux : 1° tout Français
jouissant de ses droits civils et politiques, âgé de vingt-cinq ans
et qui, depuis deux ans, est inscrit au rôle de la contribution
directe ou au rôle des prestations en nature ; 2° les fonction-

naires publics, les ministres des différents cultes, les officiers et les sous-officiers de terre et de mer jouissant d'un traitement de réforme ou de retraite, et les instituteurs, quelleque soit la durée de leur résidence.

Art. 6. — Les plus imposés qui n'habitent pas la commune, mais dont les impôts formeraient le quart de l'impôt total de cette commune, quel que soit leur sexe ou leur âge, seront également électeurs. Les veuves, filles, mineurs et autres, exerceront, dans ce cas, leur droit électoral par un mandataire spécial dans toutes les communes où ils seront compris parmi les plus imposés et dans les conditions ci-dessus (1).

Art. 7. — Les électeurs communaux voteront par section et nommeront la moitié, le tiers ou le quart des membres du conseil municipal, selon la division de la commune.

Art. 8. — Le conseil municipal nommera, au scrutin secret, un président, qui sera seul chargé de présider aux délibérations du conseil municipal, de faire les convocations pour les séances du conseil et de présider à toutes les élections qui auront lieu dans la commune. En cas d'absence, le président pourrait désigner celui des membres du conseil qui le remplacerait (2).

Art. 9. — Le maire conservera les doubles fonctions judi-

(1) Ce droit n'est que juste ; parce qu'il est naturel que tous ces associés puissent défendre leurs intérêts partout où ils sont en cause. Il en est ainsi dans toutes les sociétés où des intérêts sont engagés. Autrement il pourrait se faire que des personnes n'ayant rien, seraient arbitres de ceux qui ont. Ce droit, accordé aux plus imposés, avec la réstriction indiquée, serait une faveur assez insignifiante, si l'on considère qu'il n'y a que 16,000 personnes en France, à payer mille francs d'impôts fonciers et au-dessus, et 39,000 depuis 1,000, jusqu'à 500 fr.

(2) On objectera peut-être à cette innovation d'un président du conseil municipal nommé par le conseil que ce sera créer dans la commune où on a déjà de la peine à trouver un maire, des rivalités qui peuvent la troubler. On remarquera d'abord que l'innovation proposée ne l'est que dans le cas de communes plus nombreuses et dans lesquelles les ressources sont plus grandes et dont l'administration exigera plus de temps et de soin. On fera observer, en outre, que dès l'instant que le pouvoir veut un représentant direct dans chaque commune, remplissant les fonctions administratives et

ciaires et administratives qu'il a aujourd'hui, mais simplifiées et diminuées. Il serait nommé par le pouvoir central. Il assistera aux séances du conseil municipal, comme le préfet assiste aux séances du conseil général : il sera le pouvoir exécutif de la commune.

Art. 10. — Le maire pourrait être choisi en dehors du conseil municipal, mais parmi les plus imposés de la commune. Les adjoints seraient désignés par le maire et pris dans le conseil municipal.

Art. 11. — Le président du conseil municipal aurait pour assesseurs, dans les élections : 1° deux membres du conseil municipal élus au scrutin secret ; 2° deux membres choisis par le maire dans les vingt plus imposés de la commune et y ayant leur domicile.

Art. 12. — Il y aura autant d'urnes que de sections ; elles seront numérotées ou désigées d'une façon quelconque. Chaque section votera successivement et séparément.

Art. 13. — Le quart des membres du conseil municipal pourra être pris hors de la commune, pourvu qu'ils soient en position d'assister aux séances et qu'ils soient au nombre des vingt plus imposés.

Art. 14. — Chaque commune aura au moins, par deux mille habitants, une école primaire de garçons et une de filles, à laquelle seront joints un ouvroir et une pharmacie, sous peine d'y être contrainte par l'autorité supérieure qui alors les établirait de concert avec le conseil cantonal.

judiciaires, il est indispensable que les fonctions de ce magistrat soient divisées pour qu'il n'absorbe pas toute l'action communale, ainsi que cela a lieu dans un grand nombre de communes. C'est, qu'on le reconnaisse donc enfin, ces doubles fonctions, sans contre-poids, qui ont depuis longtemps fait sans cesse repousser la nomination des maires par le pouvoir central. On crée par là un César en sabots, dont personne ne veut. Avec la législation actuelle qui laisse à l'autorité centrale le choix du maire, le conseil municipal n'est plus qu'une fiction, un trompe-l'œil. Il est d'ailleurs à remarquer que toutes les fois que cette question a été examinée par d'autres personnes que des fonctionnaires de l'État, elle a été presque toujours résolue dans un sens opposé au sien.

Art. 15. — Les conseils municipaux doublés des plus imposés, pris dans les conditions ci-dessus, nommeront les instituteurs et les institutrices, sauf l'approbation du conseil cantonal et du préfet. Ce dernier pourra suspendre les nominations, à la condition de prendre l'avis du conseil cantonal et d'en informer immédiatement le ministre compétent et l'autorité supérieure.

Art. 16. — Les écoles et les autres établissements de la commune seront particulièrement sous la surveillance et la direction du maire assisté d'une commission composée de cinq membres. Le maire, président, le curé, vice-président, le président du conseil municipal, un membre du conseil municipal nommé au scrutin et le membre du conseil général du canton qui, en raison de ses fonctions cantonales, fera partie de toutes les commissions chargées de diriger l'instruction.

Art. 17. — Toutes les fois que les conseils municipaux auront à voter des centimes additionnels, des emprunts, des achats, échanges, ou enfin à contracter des actes de nature à modifier le budget ordinaire, ils seront doublés des plus imposés qui devront assister ou se faire représenter aux réunions sous peine d'amende.

Art. 18. — Les communes seront chargées par voie d'adjudication, sur des plans et devis dressés par les agents-voyers, sous leur direction et la surveillance du maire et du conseil cantonal et de l'autorité centrale, de l'exécution et de l'entretien de tous les chemins de petite vicinalité et ruraux, ainsi que de l'aménagement des cours d'eau, de l'assainissement, de l'irrigation, du défrichement et plantation des terrains communaux (1).

Art. 19. — Les habitants compris dans le premier tiers des

(1) Il est de la plus grande importance de pousser les communes rurales particulièrement, à développer tous leurs intérêts agricoles, afin d'augmenter, sur tous les points, la masse du travail et la production, source de l'aisance générale et de chacun. Cette mesure est la seule qui permette d'atténuer le paupérisme sans nuire à personne, par l'augmentation de la richesse publique.

plus imposés et capables seront chargés, sous leur responsabilité, de la direction ou au moins de la surveillance d'un ou plusieurs de ces travaux : sauf recours au conseil municipal d'abord et ensuite au conseil cantonal.

Art. 20. — Le budget communal, aussitôt que la situation financière du pays le permettra ou avant même, sauf à retarder l'exécution de la loi, se composera : 1° de l'impôt foncier, personnel, mobilier et des portes et fenêtres, hormis la part attribuée au budget départemental par la loi de finance ; 2° des centimes additionnels autorisés par la loi : 3° des *rétributions scolaires*, amendes, contraventions qui seraient ultérieurement déterminées par la loi (1).

Art. 21. — Chaque commune devra faire reviser au plus tôt le cadastre avec le concours et sous la surveillance de l'autorité centrale qui désignera les agents qui devront faire la révision. Ils seront assistés d'une commission prise parmi les plus imposés à la contribution foncière.

Art. 22. — Aucune commune n'aura le droit d'établir aucun impôt, aucune charge autre que celles arrêtées par les lois de finance et autres.

Art. 23. — Le maire devra faire exécuter les divers travaux arrêtés légalement par le conseil municipal aux époques fixées, sous peine de blâme qui, en cas de récidive, pourrait provoquer une plainte devant le conseil cantonal qui, au besoin, aurait le droit de demander sa révocation.

Art. 24. — Chaque commune aurait un garde champêtre qui pourrait être pris dans la brigade de gendarmerie du can-

---

(1) Si les communes n'ont pas enfin un budget sérieux qui leur permette de constituer les travaux et les établissements qui leur sont indispensables, afin d'arrêter l'émigration, développer leurs intérêts de toute nature, elles resteront toujours dans la position fâcheuse où elles sont. Là, où il n'y a aucune ressource, il n'y a aucune liberté, là où on ne peut pas travailler à améliorer son sort, il n'y a que la misère. Cela est si vrai qu'on a peine à comprendre comment on n'a pu encore faire cesser cette situation malheureuse, puisqu'il y a des travaux à exécuter partout.

ton dont il serait détaché et ne cesserait de faire partie, tout en dépendant de la commune qui le paierait : il recevrait les instructions du maire.

CHAPITRE III

LE CANTON

Le canton doit être définitivement constitué, si l'on veut sortir des voies révolutionnaires ou pour mieux dire des moyens de destruction créés par la révolution, et établir enfin des circonscriptions combinées, non en vue de détruire, mais en vue de maintenir les droits, de développer les intérêts du pays et d'arriver par le travail, si non à annihiler, au moins à circonscrire dans ses dernières limites le paupérisme, malheureusement inhérent, quoi qu'on fasse, aux sociétés humaines.

Le canton bien organisé serait un des meilleurs moyens de paralyser l'émigration des campagnes qui a atteint des proportions déplorables : de compléter la commune en mettant à sa portée et à sa disposition les établissements qu'avec ses propres ressources elle ne pourrait jamais se procurer, et qui sont cependant nécessaires pour constituer son indépendance et ses progrès de toute nature. Il faut que dans une organisation administrative tout soit disposé, non pour faire prévaloir, ainsi que cela a été fait, des théories, des rivalités ou des compétitions, mais la prospérité incessante du pays dans la voie de son tempérament.

C'est sous l'influence des passions sociales et politiques les plus exagérées qu'ont été établies les circonscriptions actuelles de la France, et c'est pour cela que, sans le vouloir, elles contribuent à maintenir les priviléges entre les choses (les villes et les campagnes) alors qu'on les a détruits entre les personnes. Les campagnes, dans leur position de mineur isolé, sont abandonnées par presque tous les hommes intelligents, et laissées à la merci de tous les vampires qu'a engendrés notre richesse matérielle.

Il y a déjà près d'un demi-siècle que l'on signale, en vain, cette position impossible et que, sans nier le mal, on recule sans cesse devant les mesures qui peuvent l'améliorer, afin de laisser à des gouvernements éphémères le moyen de récompenser leurs adeptes et de paralyser l'action sociale. Arrivés, par suite de ces ménagements déplorables, sur le bord de l'abîme, n'aurons-nous pas enfin le courage de rompre avec les errements qui nous y ont conduits ? Les indécisions de la commission des Trente qui s'est laissé dominer par des sentiments routiniers peuvent faire redouter de nouvelles catastrophes.

Le mal qui nous ronge, qu'on en soit bien convaincu, ne vient pas de ce que l'autorité en France a manqué de puissance ou de force pour nous préserver de la maladie des révolutions. Non ! l'épée a été tenue par des mains vaillantes et vigoureuses, mais le mal vient de toute autre cause ; du manque de principes, de la convoitise qui a fait accourir des bandes d'affamés qu'on avait, par suite de l'organisation administrative, trop de facilité à satisfaire. Une organisation sérieuse du canton serait un obstacle aux idées délétères que l'ensemble de l'organisation laisse, qu'on le veuille ou qu'on ne le veuille pas, pénétrer partout. En assurant au pays la gestion des intérêts que lui seul peut développer, comme un particulier développe son industrie, on accroîtra son activité, son travail, et on fera participer toutes les parties du territoire à la richesse ; on rompra des courants dangereux ; on paralysera les sources où les perturbateurs recrutent leurs adeptes ; en fournissant les moyens de garder les enfants, on développera l'éducation de la famille qui s'éteint de plus en plus ; enfin on mettra à la portée de l'ouvrier toutes les ressources qu'il ne trouve, aujourd'hui, que dans les grands centres de population où il se perd et où il contribue tant à nous perdre. En fondant solidement le canton qui est déjà le lieu où réside le juge de paix et où se passe une partie de la vie des campagnes, on peut faire naître, au profit de la société, des positions nouvelles de nature à retenir, sur tous les points, les hommes intelligents et riches qui, généralement, n'attendent leur considération que des services qu'ils peuvent rendre; mais on peut en outre arriver par lui, au plus humble hameau et le faire participer au progrès matériel et intellectuel.

L'instruction générale, comme l'instruction particulière, pour être efficace, ne peut se donner qu'à la condition d'avoir sous la main ceux qu'il s'agit d'instruire et de secourir.

PROJET D'ORGANISATION DU CANTON.

Art. 1er. — Le canton aura une population de 18 à 20,000 âmes dans les cantons ruraux, afin que ses autorités naturelles puissent exercer sur lui leur action salutaire.

Art. 2. — Le canton rural se composera de toutes les communes environnantes, jusqu'à concurrence du chiffre ci-dessus.

Art. 3. — Le canton rural aura un conseil cantonal composé comme suit : Le membre du conseil général, président, le curé du chef-lieu de canton, le président du tribunal de commerce, s'il y en a un ou à son défaut le président des prud'hommes, le président de la société de secours mutuels, un membre de chaque conseil municipal élu au scrutin secret, le juge de paix du canton, enfin le médecin légal du canton. Le greffier du juge de paix remplira les fonctions de secrétaire et recevra pour cette cause des émoluments qui seront déterminés ultérieurement.

Art. 4. — Le vice-président du conseil cantonal sera élu par les membres du conseil.

Art. 5. — Dans les villes où il y aura plusieurs communes, le conseil cantonal se composera : 1° du conseiller général, président ; 2° du président du tribunal de première instance à défaut de son supérieur hiérarchique, le président de la cour d'appel ; 3° de l'évêque ou d'un ecclésiastique désigné par lui ; 4° du président du tribunal de commerce ; 5° du bâtonnier des avocats ; 6° du président de la chambre des notaires ; 7° du président de la société d'agriculture ; 8° du président de la société de secours mutuels ; 9° de deux membres de chaque conseil municipal, élus au scrutin secret (1).

Art. 6. — Le préfet ou son délégué pourra assister aux séances des conseils cantonaux lorsqu'il le jugera utile.

Art. 7. — Le canton aura des écoles d'un dégré supérieur aux écoles communales. Ces écoles devront, autant que possible, répondre aux besoins, aux habitudes et aux intérêts du canton. Ces écoles seront constituées de façon à permettre aux familles de garder leurs enfants le plus longtemps possible et à en faciliter l'usage aux familles des communes éloignées du canton au moyen d'un service de locomotion économique.

Art. 8. — Le canton aura un asile cantonal pourvu des moyens nécessaires pour y recevoir et y soigner les malades, les infirmes et les vieillards désignés par le conseil cantonal sur la proposition des conseils municipaux et du médecin de canton qui sera payé et nommé par le conseil cantonal.

Art. 9. — Le canton aura un receveur de l'enregistrement dont le bureau sera organisé de façon à suppléer, au besoin, aux actes notariés.

Art. 10. — Les gardes champêtres et commissaires de police seront nommés par le préfet après avoir pris l'avis des conseils municipaux et des conseils cantonaux. Ces agents qui ne recevraient pas moins de mille francs par an, pourraient

---

(1) En donnant la présidence du conseil cantonal au membre du conseil général, on a pensé que cela éviterait des compétitions et que c'était donner le moyen de régulariser plus facilement l'administration du canton.

être pris dans les brigades de gendarmerie cantonale augmentées à cet effet et dont ils ne cesseraient pas de faire partie ; ils en seraient détachés.

Art. 11. — Les établissements charitables du canton pourront être ajoutés à ceux existant déjà au chef-lieu et qui seraient appropriés à leur nouvelle destination.

Art. 12. — Chaque canton outre la justice de paix aura, autant que possible, un tribunal de commerce ou un conseil de Prud'hommes, et une société d'agriculture à laquelle, comme aujourd'hui, sera affectée une allocation.

Art. 13. — Chaque canton aura un budget qui sera composé : 1° du dixième du revenu de chaque commune, compris toutes les ressources dont elles pourraient disposer ; 2° des sommes que le conseil général affectait aux cantons ; 3° des rétributions scolaires ; 4° de la part qui peut provenir des économies réalisées sur la diminution du nombre des cantons, etc.

Art. 14. — Les conseils cantonaux auront trois séances par an. Ils pourront néanmoins être convoqués par le préfet pour affaires urgentes.

Art. 15. — Dans leurs sessions les conseils cantonaux jugeront, sauf recours aux conseils généraux, les difficultés qui pourraient surgir entre les communes du canton. Ils s'occuperont des écoles, des chemins vicinaux et ruraux, des cours d'eau, des terrains vagues, du drainage et des irrigations qui, exécutées partout et régulièrement par des syndicats, contribueraient puissamment à la fertilité et à la production du sol. Les conseils cantonaux développeront par tous les moyens que les lois laisseront à leur disposition tous les intérêts agricoles et industriels de leur circonscription.

Art. 16. — Les conseils cantonaux auront tous les cinq ans le droit de proposer aux conseils généraux un ou deux candidats pour des récompenses honorifiques telles que croix d'honneur, médailles ou mention, etc.

CHAPITRE IV

ARRONDISSEMENT. — DÉPARTEMENT.

L'arrondissement, avec les chemins de fer, les télégraphes électriques et les voies de communication de toute nature, étant trop grand ou trop petit pour répondre aux besoins actuels et à la situation, serait remanié ou mieux fondu dans une nouvelle organisation du département. L'arrondissement est trop grand pour exercer une action immédiate et de tous les instants sur les communes et les hameaux de sa circonscription, dont la plupart n'ont aucun rapport avec lui : d'autre part il est trop petit pour avoir une influence morale ou politique vraiment utile sur la population qui le compose. Il n'en est pas réellement un rouage nécessaire, car il ne peut absolument rien sur rien ; c'est un des impédimenta maintenu par les gouvernements d'aventure afin de tenir le pays dans leurs mains et de ménager des emplois à leurs partisans. Depuis sa création jusqu'ici, personne ne s'est mépris sur son rôle, c'est une cinquième roue à une voiture... « Il fut créé, dit M. Daunou, qui « fut, nonobstant ses appréciations, un des auteurs de cette « création, *pour l'utilité de certaines localités qui les deman-* « *dèrent et les obtinrent comme des faveurs.* »

Voilà l'acte de naissance de l'arrondissement. Nous ne pouvons raisonner aujourd'hui de la même manière que du temps de M. Daunou ; non-seulement le progrès accompli, mais l'expérience condamne toutes les situations uniquement fondées sur la faveur et veut qu'on y mette un terme par une révision équitable. Il faut le plus tôt possible, par les moyens qu'on indique ou par d'autres, rentrer dans le droit commun.

Les priviléges entre les personnes, ainsi qu'on l'a déjà fait observer, ayant été supprimés, on ne peut, sans iniquité, les maintenir entre les choses. Il est de l'intérêt de tout le monde d'établir sincèrement, loyalement, l'égalité vraie qui n'a aucun rapport avec le nivellement rêvé par quelques insensés.

« Il y a des tribunanx d'arrondissement, disait en 1870, à
« la commission de Décentralisation, le regretté M. Bonjean,
« qui sont si rapprochés les uns des autres que les avocats et
« les avoués de ces localités ont, comme les maisons de com-
« merce, des commis voyageurs pour leur trouver des
« clients. »

Quoique le département soit sorti comme l'arrondissement de la fournaise révolutionnaire, il a conquis, jusqu'à un certain point cependant, son droit de cité. Mais si le département est devenu une circonscription nécessaire, c'est toutefois à la condition d'être remanié de façon à répondre aux besoins nouveaux du pays et à sa sécurité.

Il a pu suffire et il a suffi parfaitement à des gouvernements despotiques et centralisateurs qui avaient besoin de tenir tout absolument dans leurs mains ; mais il ne saurait suffire aux exigences du présent, aux obligations d'un régime de liberté. Le moment des réformes sérieuses est venu, si l'on veut enfin sortir de l'ère des tromperies pour entrer dans la voie du patriotisme et de la justice, et faire cesser les systèmes d'exploitation que les révolutions ont fait naître au milieu de nous.

La France fatiguée et épuisée par les gouvernements qui se sont succédé depuis quatre-vingts ans, a besoin d'être enfin organisée, non pour être le marchepied de tel ou tel aventurier, de tel ou tel parti, de telle ou telle idée, mais au point de vue de sa constitution, du développement de ses intérêts moraux et matériels. Les forces du pays doivent désormais, si l'on veut conjurer une décadence inévitable, être appliquées, en partie par lui-même, à son développement, au maintien de ses libertés et de sa sécurité. Il faut repousser tous les systèmes menteurs qui, ne tenant compte ni du passé ni des traditions, veulent lui appliquer, a priori, des théories insensées qui ont déjà failli le tuer plusieurs fois.

La Centralisation oppressive qui a pesé sur notre malheureuse patrie pendant près d'un siècle et que l'on a eu l'impudence, pour mieux l'exploiter, de lui présenter comme un régime de liberté, y a causé une telle anarchie, une telle confusion, un tel orgueil qu'il n'y a pas de pâtre ou d'avocat qui ne se croie destiné à gouverner l'Etat. On a supprimé la loterie des jeux, mais on l'a précieusement maintenue au pouvoir. — Qu'on jette, pour s'en convaincre, un regard rétrospectif sur les hommes qui ont occupé le pouvoir depuis trois-quarts de siècle : combien parmi eux étaient vraiment dignes de cette situation? Cela n'a-t-il pas quelque analogie avec les convulsions de l'Empire romain, à l'époque où une soldatesque avinée et ameutée élevait tour à tour sur le pavois les Galba et les Vitellius? Quoi qu'en puissent dire certains hommes qui ont pris à tâche de dénigrer leur pays, ces saturnales ne se sont jamais vues en France pendant son laborieux enfantement.

... « Tandis, dit M. Ernest Renan, que le tyran antique « succombe à la première faute ou au premier revers, le roi « de France pouvait être un homme aussi corrompu que « Louis XV, il pouvait être réduit à une détresse aussi pro-« fonde que le fut celle de Charles VII, sans que personne « doutât de son droit, de sa fortune et de la mission qu'il « remplissait. »

Mais alors la France ne dépendait pas d'un pouvoir central sans responsabilité dont les détenteurs ne songent trop souvent qu'à satisfaire leur ambition et celle de leur coterie politique. Les forces de la nation, en tenant compte des périls qui entourèrent son berceau, étaient infiniment mieux pondérées qu'elles ne l'ont été depuis. Faire dépendre le sort d'une nation civilisée, chrétienne, de trente-six millions d'hommes, ainsi que cela s'est vu pendant quatre-vingts ans, des caprices de la populace d'une seule ville, c'est vraiment inouï, et il faut remonter jusqu'à Rome païenne et au temps de sa décadence pour trouver des exemples pareils.

Si l'Assemblée nationale qui, plus peut-être qu'aucun pouvoir, a été à même de juger les événements et d'apprécier la situation du pays, se bornait, sous le prétexte de ménagements que tout le monde veut au reste, mais sans faiblesse, à des palliatifs impuissants, dérisoires même, elle assumerait sur elle une terrible responsabilité dont le résultat serait notre ruine, mais son déshonneur. Au nom du salut public, la France ne peut pas plus longtemps être exposée, sans défense, aux intrigues des audacieux, sans vergogne, qui rôdent sans cesse autour du pouvoir pour s'en emparer, afin de faire alors, l'armée, tous les agents de l'administration, de la magistrature elle-même, non pas seulement les complices de leurs mauvaises passions, mais leurs séides ! L'Assemblée nationale a le Pouvoir souverain, tant qu'elle existera ; c'est à elle à prendre les mesures nécessaires pour établir la sécurité non sur des bases chancelantes, mais sur des bases inébranlables qui s'appuient sur la nation entière ; elle le doit et elle le peut ; la France la soutiendra et l'applaudira.

ORGANISATION DÉPARTEMENTALE.

Art. 1er. — Le nombre des départements est augmenté de façon à ce que, sans comprendre les villes au-dessus de 100,000 qui pourraient faire un département, la population de chacun d'eux soit de 300 à 350,000 âmes, et qu'il y ait 110 à 120 départements environ.

Art. 2. — Chaque département aura un préfet et deux sous-préfets inspecteurs, résidant au chef-lieu du département ou ailleurs selon les besoins du service ; un tribunal de première instance, dont les attributions seront augmentées et auquel on joindra une section administrative dont les membres seraient pris dans les conseils de préfecture qui seraient supprimés.

Art 3. — Les appointements des juges des tribunaux de première instance seront augmentés. Leur avancement pourra avoir lieu sur place et sera établi d'après des lois subsidiaires qui devront garantir l'inamovibilité et l'avancement des magistrats.

Art. 4. — Les membres des conseils de préfecture pourraient être employés concurremment avec les sous-préfets, soit dans les tribunaux de première instance ou laissés comme inspecteurs près des préfets ou encore mis à la retraite, avec la retraite de l'emploi supérieur à celui qu'ils auraient au moment de l'application de la nouvelle organisation.

Art. 5. — Les employés des préfectures actuelles seraient reportés dans les nouvelles préfectures avec des appointements en analogie avec l'augmentation de toutes choses ou mis à la retraite de l'emploi supérieur au leur, s'ils ne pouvaient être replacés.

Art. 6. — Le département, comme aujourd'hui, aura un conseil général dont les attributions seront à peu près les mêmes, seulement les membres seront moins nombreux et le territoire généralement plus petit.

Ar. 7. — Chaque chef-lieu de département aura au moins une école secondaire et en outre celles qui devront compléter, achever l'instruction donnée par lss écoles de canton qui pourraient être limitées, au moins en ce qui concerne les études secondaires. — Cette mesure ne pourrait être prise qu'avec le consentement du canton. — Les fonds provenant de l'Université qui, dans l'organisation nouvelle, devrait être supprimée, seraient partagés entre les départements.

Art. 8. — Les conseils généraux de département auront un budget découlant des mêmes sources qu'aujourd'hui, augmenté toutefois de la part qui incomberait aux écoles départementales de leur ressort et des rétributions scolaires, etc.

Art. 9. — Chaque département aura seulement un receveur particulier-payeur qui résidera au chef-lieu du département. Les receveurs particuliers qui ne pourraient être employés recevraient un traitement de réforme proportionné à leurs appointements et pourraient seuls concourir aux emplois vacants par suite de décès ou autre motif.

Art. 10. — Chaque département aura un conseil de l'instruction composé : 1° du préfet, président ; 2° de l'évêque, s'il y en a un, vice-président ; ou du curé du chef-lieu du département ; 3° du commandant militaire du département ; 4° de deux membres du conseil général élus au scrutin ; 5° du maire du chef-lieu du département ; 6° du président de la cour ou du tribunal de première instance ; 7° des directeurs de colléges du chef-lieu ; 8° du bâtonnier des avocats ; 9° du chef du Parquet ; 10° du président du tribunal de commerce ; 11° du président de la Chambre des notaires ; 12° du directeur des contributions indirectes ; 13° du directeur des contributions directes ; 14° de deux membres du conseil municipal du chef-lieu élus au scrutin ; 15° du président de la société d'agriculture départementale.

Art. 11. — Les membres de cette commission, en cas d'une réglementation ultérieure de la presse, pourraient être chargés de la surveiller, de se transformer en jury pour en préciser les écarts et les faire punir selon la loi qui interviendrait.

Art. 12. — Les membres de cette commission, toutes les fois qu'elle fonctionnerait comme jury, pourraient appeler comme suppléants, soit des membres du conseil général ou du conseil municipal, et ils recevraient des jetons de présence de vingt francs.

Art. 13. — La commission d'instruction aurait un secrétaire particulier, payé par le département.

N. B. — Toutefois, pour sortir des généralités et donner un corps aux propositions, on pourrait indiquer quelques-unes des corrections possibles. Actuellement le département moyen a une population de 419,000 habitants et une superficie de 616,000 hectares (1).

1° La *Sambre*, chef-lieu Valenciennes, comprenant les arrondissements de Valenciennes, Avesnes et Cambrai, 492,000 habitants — 293,000 hectares — N. B. — Le reste du *Nord*, sous le nom de Lys, avec Lille pour chef-lieu, aurait 720,000 habitants et 247,000 hectares.

2° La *Haute-Somme*, Saint-Quentin, arrondissements de Saint-Quentin, Vervins, Péronne, canton de Rosières et de Roye, population 391,000 habitants, superficie 398,000 hectares. N. B. Le reste du département de l'Aisne, augmenté de l'arrondissement de Compiègne, moins le canton d'Estrées de l'Oise, pourrait s'appeler de la *Haute-Oise* : population 391,000 habitants, superficie 504,000 hectares.

3° La *Seine-Maritime*, Le Havre, arrondissements du Havre, Yvetot et Dieppe, 397,000 habitants, 320,000 hectares. — N. B.— Le reste du département comprendrait les arrondissements de Rouen, de Neufchâtel, des Andelys, et le canton de Pont-de-l'Arche, 398,000 habitants, 402,000 hectares.

4° Les *Monts-d'Arée*, Brest, Morlaix, Lannion, canton de Crozon, Le Faou, Huelgouet, 471,000 habitants, 412,000 hectares.

N. B. — Le reste du département du *Finistère* augmenté des cantons de Lorient, Port-Louis, Hennebont, Pontscorf, Plouay, Guémené, Le Faouet, Gourin, s'appellerait le *Blavet*, 346,000 habitants, 480,000 hectares.

5° L'*Yonne-Inférieure*, Sens.— Arrondissements de Sens et de Nogent-sur-Seine, cantons de Joinville, Saint-Julien, Villeneuve, Cérisier, Brienon, Saint-Florentin, Flogues de l'Yonne, Estissac, Aix-en-Othe et Ervy-de-l'Aube, Bray, Monterault et Lorrez, distraits de *Seine-et-Marne*. 284,060 habitants, 421,000 hectares.

N. B. —Le reste du département de l'*Yonne* prendrait le

(1) Ces indications ont été copiées dans le numéro du 12 avril 1870 de la décentralisation de Lyon.

nom de *Haute-Yonne*, Auxerre. Il y aurait encore 230,000 habitants et 414,000 hectares.

6° *Monts-Charollais*, Autun.— Arrondissement d'Autun, Charolles ; canton de Mont-Saint-Vincent, Liernais, Array-le-Duc et Nolay, 288,000 habitants, 530,000 hectares.

N. B. — Le reste du département de Saône-et-Loire, augmenté des contours de Pont-de-Vaux, Bagé-le-Châtel et Saint-Trivier, pourrait être nommé la *Saône-Inférieure*. Mâcon, 357,000 habitants, 440,000 hectares.

7° *Sèvre-et-Charente*, La Rochelle.— Arrondissements de La Rochelle et de Rochefort. Les deux cantons de l'Ile-d'Oléron, dans la Charente-Inférieure, les cantons de Maillezais et de Chaillé-les-Marais, distraits de la Vendée. 172,000 habitants, 213,000 hectares.

B. — Le reste du département de la Charente-Inférieure, prenant Saintes pour chef-lieu, pourrait s'appeler *Charente* et *Boutonne*. Il lui resterait 403,000 habitants et 545,000 hectares, etc., etc.

Dans cet ordre d'idées, Paris pourrait être divisé en quatre départements qui formeraient une province. Lyon, Marseille, avec leurs cantons ruraux chacun. Cette distribution de la France en cent vingt départements est aussi nécessaire, pour la bonne disposition des tribunaux de première instance et la justice distributive, que peut l'être la révision du *cadastre* : elle est fondée sur les mêmes motifs, et d'autres d'un ordre plus élevé qui sont établis par notre argumentation. La création de nouveaux départements, outre qu'elle donnerait satisfaction à un plus grand nombre, serait moins difficile qu'on ne pourrait le supposer au premier moment : il y a vingt-cinq ou trente départements qui ont 138,000 électeurs et au-dessus et qui seraient alors dédoublés.

CHAPITRE V

CIRCONSCRIPTION PROVINCIALE

Pour protéger cette nouvelle organisation et garantir la stabilité générale, on lui donnerait pour couronnement la province, composée soit des nouvelles circonscriptions militaires, ou, ce qui serait préférable, de quatre ou cinq départements, de façon à atteindre une population de deux ou trois millions. Les anciennes provinces, qui ont laissé des traces et des souvenirs si profonds dans les esprits, et souvent des regrets, plutôt à cause de l'indépendance qu'elles protégeaient qu'à cause d'une communauté d'origine, ne pourraient se prêter aux combinaisons d'une organisation qui a non-seulement pour *but* de maintenir et de défendre l'unité nationale, l'unité d'action, mais encore de rétablir un équilibre devenu une nécessité entre les parties diverses de la France, tant en vue de l'équité que de la sécurité publique.

Il serait nécessaire que les grandes circonscriptions, qui pourraient être de douze ou plus, si on veut, fussent toutefois d'une importance à peu près égale, en *tenant compte de toutes les forces concentrées ou disséminées.*

Il ne faut plus qu'aucune partie de la France puisse s'arroger le droit, ainsi que l'a fait trop longtemps Paris, et par imitation quelques autres villes, de disposer du sort des autres sans les consulter, et au grand détriment de l'honneur, de la liberté et de tous les intérêts de la nation.

La création des grandes circonscriptions, en présence de l'accroissement démesuré des unes et l'affaiblissement continuel des autres, est commandée par les progrès de toute nature qui se sont accomplis au milieu de nous : elle est commandée en outre par cette maladie endémique des révolutions qui, faute d'être combattue à temps, nous a conduits où nous sommes ; elle est commandée par la nécessité de restituer enfin au pays la gestion de ses intérêts particuculiers et de le mettre en état de défendre sa liberté, ses droits et au besoin l'État continuellement à la merci d'une foule d'aventuriers. Cette réforme *difficile*, mais indispensable pour replacer notre pays dans une situation normale, ne détruira en rien l'unité politique ni l'unité territoriale, comme ne manqueront pas de le dire certains personnages intéressés et qui ont toujours peur d'être dérangés, elle débarrasserait le pouvoir central d'une multitude d'entraves qui gênent sans cesse son action gouvernementale et la rendent souvent, généralement, pourrait-on dire, plus nuisible qu'utile. Cette routine de l'État de vouloir tout diriger, tout régler, tout instruire, nonobstant les révolutions qui, de six en sept ans, viennent donner de lugubres avertissements, serait quelque chose d'incroyable si on ne la voyait pas. N'est-il pas étrange, par exemple, que plus les moyens matériels simplifient l'exécution des choses de toute nature, plus on complique les rouages administratifs et par suite les entraves au travail général?

C'est le contraire de tout ce qui se passe dans toutes les entreprises et combinaisons qui ont lieu en dehors de l'État. Ainsi, entre autres choses, pourquoi l'État veut-il absolument, malgré les prières et les protestations du pays entier, se mêler d'élever la jeunesse, puisqu'il ne peut, de par la loi, lui enseigner aucune croyance, par suite lui donner aucune éducation solide, certaine? On comprend très-bien pourquoi le premier Empire a créé l'Université; mais, après une si triste expérience, comment se fait-il qu'on persiste dans des errements qui ont été si funestes à notre patrie? Les grandes circonscriptions conçues comme on vient de l'indiquer seraient une garantie contre les périls qui menacent la société et qu'aucun pouvoir, même celui de l'illustre et honnête maréchal qui est à notre tête ne peut conjurer. Le pays entier peut, seul, braver les émeutes et annihiler les pronunciamentos, s'ils se produisaient jamais au milieu de nous. Cependant, tout ce qui se passe sous nos yeux ressemble bien plus à des luttes entre des partis qui se disputent un pouvoir chancelant, qu'à une organisation sérieuse du pays, faite sous l'empire du patriotisme.

PROJET D'ORGANISATION

Art. 1er. — La province serait formée de quatre à cinq départements, sauf Paris et quelques autres villes qui pourraient constituer une province.

Art. 2.—Les nouvelles circonscriptions seraient composées, autant que possible, des départements rapprochés les uns des autres, et ayant des affinités de mœurs, d'origine et de langage.

Art. 3. — Les circonscriptions provinciales seraient au nombre de douze ou dix-huit, et elles auraient à leur tête un gouverneur choisi, autant que possible, dans la province. Ce gouverneur aurait autorité sur les préfets et les autres autorités de la province : il serait choisi et nommé par le chef de l'État.

Art. 4. — Chaque chef-lieu de province serait pourvu de tous les cours nécessaires à l'enseignement supérieur pour toutes les carrières civiles. Ces écoles seraient sous la direction et la surveillance de l'autorité provinciale et du conseil général de la province.

Art. 5. — Ces grandes Universités, à l'instar de celles qui existent en Angleterre et qui existaient jadis en France, auraient pour but d'établir partout des foyers de lumière, sans effacer l'originalité d'aucune personne, d'aucune contrée ; elles feraient naître l'émulation sur tous les points, sans paralyser aucune aptitude et sans porter préjudice à qui que ce soit.

Art. 6. — La province aurait un conseil général qui serait composé, chaque année, de la moitié ou du tiers des membres des conseils généraux des départements de chaque province, de façon à ce que tous les conseillers généraux de département pussent en faire partie pendant la durée de leur mandat.

Art. 7. — Les conseils provinciaux auraient, dans leurs attributions, la surveillance de tous les intérêts de la province énumérés dans les attributions des divers conseils des circonscriptions nouvelles.

Art. 8. — Chaque province aurait un hôtel des invalides; tous les établissements de nature à développer les intérêts de la province ; l'agriculture, le commerce, l'industrie et les arts. Elle serait tenue à avoir des haras embrassant toutes les races d'animaux, et des règlements sévères pour empêcher qu'elles ne soient abâtardies par des industries interlopes.

Art. 9. — Le conseil provincial aurait le *droit d'établir* tous les règlements de police et autres, utiles au développement de tous les intérêts matériels, sauf le recours au gouvernement qui jugerait en dernier ressort : on romprait par là une uniformité fâcheuse.

Art. 10. — Les préfets assisteraient, avec le gouverneur, aux séances du conseil provincial, et ils y seraient entendus toutes les fois qu'ils le demanderaient et que les intérêts de leurs départements l'exigeraient. Les conseils provinciaux pourraient avoir deux séances par an.

Art. 11. — Les conseils provinciaux ne pourraient s'occuper des questions politiques ou religieuses, sous peine de voir leurs séances suspendues immédiatement par décision du gouverneur prise en conseil formé par les préfets. Il devra en instruire le ministre compétent dans les vingt-quatre heures et attendre ses ordres.

Art. 12. — Les conseils provinciaux auraient un budget composé : 1° du dixième du budget des départements de la circonscription ; 2° des économies réalisées par la nouvelle organisation et qui s'accroîtraient nécessairement avec le temps ; 3° des rétributions scolaires, inscriptions, examens, etc. ; 4° de la part qui était afférente aux écoles de droit, de médecine et universitaires du chef-lieu provincial, et enfin des ressources qui pourraient leur être attribuées ultérieurement par une révision sévère des lois financières et de l'organisation centrale qui serait naturellement simplifiée (1).

CHAPITRE VI

L'UNIVERSITÉ

L'Université, selon le projet que l'on développe, serait supprimée, et chaque circonscription du territoire, c'est-à-dire les familles, resteraient enfin libres de donner à leurs enfants l'instruction et l'éducation qui leur conviendraient.

Si l'État, sous l'empire des idées philosophiques qui ont fait la révolution, a pu supposer alors qu'il y avait avantage pour tout le monde à ce qu'il se substituât à la famille et qu'il se chargeât de l'instruction, il ne peut le penser aujourd'hui.

Il y a déjà plus d'un demi-siècle que l'Université est attaquée par les plus grands esprits et qu'on en a démontré l'insuffisance et l'injuste monopole. Ses partisans invoquent, il est vrai, un principe : l'instruction civile et l'instruction religieuse doivent, dit-on, être complétement séparées ; en laissant au

(1) Le gouvernement pourrait remplacer, dans le budget de l'État, la portion de l'impôt foncier qui lui serait enlevée par les moyens suivants : 1° En envoyant une partie des soldats en congé fréquent, comme sous la Restauration. 2° Suppression rigoureuse des cumuls. 3° Diminution des fonctionnaires par suite de décentralisation. 4° Maintien de l'impôt sur les valeurs mobilières. 5° Droit de douane sur les produits étrangers jusqu'à concurrence de l'impôt que payent les *produits nationaux*, avant d'arriver sur les marchés, comme droit compensateur. Le prix de l'hectare 2,000 fr., par exemple, les droits de mutation, de succession grèvent d'autant les produits de la terre, alors que, *souvent*, les produits étrangers ne paient rien de semblable.

clergé seul l'instruction religieuse et en lui assurant les moyens comme la liberté de la donner, il faut placer sous la seule autorité laïque l'instruction civile tout entière.

Nous tenons ce principe et ce raisonnement pour faux et funeste dans le sens et l'étendue que l'on voudrait leur donner. Dans nos sociétés chrétiennes où les gouvernements ne peuvent *être que des moyens*, ils n'ont le droit d'exercer aucun monopole, pas plus celui de l'instruction que de toute autre chose.

D'ailleurs, si en matière de hautes sciences et pour les hommes et pour les jeunes gens qui touchent à l'âge d'homme, l'instruction civile et l'instruction religieuse peuvent être complétement séparées, c'est que la nature de ces études le comporte et que la liberté de l'esprit humain l'exige. Mais l'enseignement supérieur n'est que l'un des degrés de tout le système général d'instruction publique. De quoi s'agit-il, en effet, dans la plupart des établissements, dans les écoles élémentaires, dans les écoles classiques et pour le plus grand nombre des enfants qui y vivent et des années qu'ils y passent? Il s'agit essentiellement d'éducation, de discipline morale. Bonne en elle-même et par les richesses qu'elle ajoute aux facultés naturelles de l'homme, c'est surtout par son intime rapport avec le développement moral que l'instruction est excellente.

Or, on peut diviser l'enseignement, on ne divise pas l'éducation. On peut limiter à certaines heures les leçons qui s'adressent à l'intelligence seule, on ne mesure pas, on ne cantonne pas ainsi les influences qui s'exercent sur toute l'âme, notamment les influences religieuses.

Pour atteindre leur but, pour produire leur effet, il faut que ces influences soient toujours présentes et habituellement senties. L'instruction purement civile peut former l'esprit et le caractère, comme chez les païens, elle ne nourrit et ne règle point l'âme. Dieu et les parents ont seuls ce pouvoir. Il n'y a de véritable éducation morale que par la famille et la religion; et là où n'est pas la famille, c'est-à-dire dans les écoles publiques, l'influence religieuse est d'autant plus nécessaire. Que ceux qui redoutent une trop grande influence du clergé nous aident à faire prévaloir l'éducation de la famille en appuyant les réformes qui sont demandées et qui permettraient le séjour des enfants plus longtemps au sein de leurs familles, et l'externat, si favorable au développement de l'esprit et à la surveillance des parents

Toujours est-il que l'État, par sa nature dans nos sociétés modernes, ne peut être chargé d'une mission aussi délicate et qui demande une sollicitude si constante que celle de l'éducation et de l'instruction de la jeunesse ; il ne peut qu'encourager, obliger même, au besoin, si l'on veut, les diverses circonscriptions à constituer les écoles qui pourraient être prescrites par les lois. Des faits lamentables, produits par une expérience de près de soixante-quinze ans, sont venus corroborer les réclamations des pères de famille et avertir l'État, qui semble sourd, qu'il faut renoncer à un système d'instruction qui forme des bacheliers matérialistes, c'est-à-dire de la matière bureaucratique, et qui a contribué puissamment à détruire, au milieu de nous, les sentiments d'honneur et de patrie. Que les défenseurs de l'Université et les intéressés disent ce qu'ils voudront, le monopole exercé par l'État est contraire à la liberté, à la raison, au droit public de la chrétienté : c'est un abus de la force. D'ailleurs son impuissance est de plus en plus démontrée : l'instruction qu'elle donne ne répond plus aux besoins de la société. Comme tous les monopoles, elle ne peut suffire à la tâche. Mettre tous les enfants dans le même moule pendant sept à huit ans, sous le prétexte de leur apprendre des langues qu'ils ne savent généralement jamais, est une aberration déplorable et qui prouve que les mauvaises habitudes sont infiniment plus difficiles à faire disparaître qu'à créer. Dans la situation présente, il n'y a qu'un remède qui puisse rendre à la France sa liberté d'esprit. C'est la liberté partout qui apprendra à lire cent fois plus vite que ne le fera jamais, même en nous ruinant, l'Université.

CHAPITRE VII

LA MAGISTRATURE

La magistrature n'a point échappé non plus aux influences révolutionnaires. Le grand prévaricateur et organisateur qui s'était emparé des *âmes* par les décrets organiques imposés par la violence à l'Église, des *esprits* par l'université et dont le despotisme ne laissait distribuer aux écoles que les livres qu'il autorisait, n'avait point oublié la justice. Il avait voulu, tout en s'efforçant d'abuser l'opinion, qu'elle dépendît entièrement de sa volonté. De là cette organisation illusoire de la magistrature qui, tout en étant *inamovible*, dépend entièrement du pouvoir, sous peine, pour le magistrat, de voir sa carrière paralysée, de n'avoir aucun avancement. En effet, si la loi déclare le juge inamovible, son avancement dépend du gouvernement ; et dès qu'il y a avancement, l'inamovibilité est bien près d'être une chimère. Il est à remarquer qu'à chaque révolution, l'usurpateur, quel qu'il soit, s'empresse de proclamer son *inviolabilité*, l'*hérédité* du pouvoir et l'*inamovibilité* de la magistrature, tout en arrachant les juges de leurs siéges pour y placer ses créatures... Et ce serait en présence de ces faits que personne n'ignore, que l'Assemblée souveraine ne saurait trouver rien de mieux à faire que de consacrer des abus inqualifiables, *pour conserver à la magistrature* son inamovibilité et sa dignité ?... Cela n'est pas sérieux. — Chez nous, autrefois, comme aujourd'hui en Angleterre, le juge une fois nommé ne bougeait plus et ne pouvait avoir d'avancement. Sans copier ce système qui n'est plus en rapport avec nos mœurs, et qui néanmoins, selon M. Edouard Laboulaye, « donne au juge
« anglais un si grand caractère, et qui fait qu'entre le peuple
« et le gouvernement il représente une force à part, la justice,
« devant laquelle peuple et gouvernement doivent s'incliner, »

on pourrait établir un système mixte, l'avancement sur place, à la suite d'examens et d'un certain nombre d'années de loyaux et honnêtes services.

Mais il faudrait tout d'abord que le gouvernement renonçât, au moins en partie, à la nomination des juges qui, quoi qu'en puissent penser les hommes au pouvoir, trop enclins, aussitôt qu'ils sont au pinacle, à tout détenir, donne occasion d'abaisser la magistrature en la mêlant souvent et intempestivement à la politique

Les différents corps judiciaires pourraient s'alimenter par le principe de la cooptation, c'est-à-dire, se recruter eux-mêmes dans certaines catégories, sur une liste de candidats qui auraient subi des examens devant une commission composée de juges et d'hommes compétents pris dans diverses situations, afin de donner à l'élu une triple sanction : celle d'un stage, des examens et de la nomination : une place sur trois pourrait être donnée à l'ancienneté. L'exercice de ce privilége de la cooptation qui avait contribué *jadis*, à conserver à nos académies, au milieu de la décomposition sociale et du nivellement, tant d'autorité et de popularité, présenterait des garanties de savoir, d'expérience et de moralité qui concourraient à élever, à fortifier et à faire respecter la magistrature tout en lui donnant la sécurité et l'indépendance dont elle manque suffisamment aujourd'hui. Les justices de paix qui ont été un si grand sujet de scandale et d'indignité, dans le système que l'on combat, devraient avoir une situation assez importante pour les faire rechercher par tous les hommes instruits, jaloux de servir leur pays. D'abord elles seraient moins nombreuses, puis on pourrait accroître les attributions des juges de paix et ne les choisir qu'après qu'ils auraient subi des examens devant une commission composée d'après les principes ci-dessus. Les appointements des juges de paix ne pourraient être au-dessous de trois mille francs ni au-dessus de six mille. Leur avancement pourrait avoir lieu sur place d'après des règles ultérieurement établies qui garantiraient leur indépendance et leur avancement. Les choix faits sous l'influence de ces précautions ne vaudraient-ils pas les fâcheuses nominations, sans garanties, dont nous avons, trop souvent, été les témoins et les victimes, et sans qu'il y ait eu jamais possibilité de faire retomber les abus sur ceux qui les avaient produits?

Enfin, pour compléter cette réforme de la magistrature et y produire l'harmonie qu'exige sa grande situation, *les juges seuls* alimenteraient les cours et les tribunaux de première instance, parce qu'il est nécessaire que chacun soit placé selon ses habitudes, ses études et ses aptitudes. Les magistrats du parquet y resteraient en y recevant l'avancement qu'ils auraient mérité et en passant par des filières diverses, obtenir des titres et des honneurs comme les juges, mais sans y être mêlés.

Cette fusion nuit, dans beaucoup de circonstances, à la dignité de la justice, à son application équitable et elle ôte des garanties aux accusés.

CHAPITRE VIII

L'ARMÉE

Il est évident qu'en présence de ce qui se produit chez les nations européennes, nous ne pouvons malheureusement nous passer d'une armée très-nombreuse. Il est insensé de demander, ainsi que l'ont fait et le font tous les jours les révolutionnaires, la suppression des armées permanentes.

Aujourd'hui, une nation, quelle qu'elle soit, doit toujours être sur ses gardes, et la nôtre est menacée par un ennemi puissant et implacable. Aussi est-il presque regrettable que tout dernièrement le ministère n'ait pas cédé aux instances des marins de l'Assemblée nationale qui demandaient un crédit pour la marine. Toutefois, s'il est absolument nécessaire que la France ait une armée très-nombreuse et bien pourvue, il n'est pas moins essentiel qu'elle coûte le moins possible. Une armée très-nombreuse chez un peuple qui n'aurait aucune ressource financière serait un moyen de ruine, sans être un grand moyen de défense. Nous avons donc à concilier ces deux situations. La Restauration, ce gouvernement réparateur, si follement calomnié, s'est trouvé dans une situation identique à celle où nous sommes aujourd'hui.

Elle succédait aux désastres du premier Empire, comme le gouvernement actuel succède aux désastres du second Empire. Comme aujourd'hui, elle put voir les Bonapartistes conspirer avec les radicaux, en invoquant toujours la *liberté!*... Comme aujourd'hui, la France fut obligée non-seulement de payer une énorme rançon aux nations européennes victorieuses, mais encore de donner des indemnités aux victimes des folies révolutionnaires et du premier Empire. La Restauration trouva aussi toute la nation sous les armes et avec des *cadres* qu'il était impossible de conserver, d'abord parce qu'il était nécessaire de mettre un terme à une guerre ruineuse et insensée, ensuite par raison impérieuse d'économie, puis enfin, parce que cette armée avait besoin d'être complétement réorganisée. Il suffit ici de dire que le gouvernement royal non-seulement reconstitua l'armée de façon à réaliser le double but qu'il se proposait, de créer des ressources et de mettre l'armée en état de répondre aux éventualités de guerre qui pouvaient se présenter et se présentèrent en effet : la guerre d'Espagne, celle de Morée et enfin la conquête d'Alger, justifièrent toutes les prévisions du gouvernement. Il est vrai que, contrairement à ce qui existe aujourd'hui, la Restauration inspirait une confiance telle, qu'elle n'aurait point eu d'armée, qu'elle se serait uniquement occupée à refaire la fortune de la France, qu'elle n'avait rien à craindre des nations voisines. La situation est bien différente; elle nous oblige à avoir et le plus promptement, une armée très-nombreuse que nos ressources nous permettent à peine d'entretenir en temps de paix et ne nous permettraient pas encore de mettre en action. Dans cette douloureuse position, la raison, comme tous nos intérêts, nous commande de ne pas attendre que la violence coupe le nœud gordien, fondons enfin ce pouvoir définitif qui est devenu une nécessité. En attendant cette condition de stabilité, de tout ordre au milieu de nous, il faut s'efforcer d'appliquer la loi sur l'organisation de l'armée en formant d'abord ses cadres de façon à pouvoir les remplir avec les meilleures chances aussitôt que nos ressources nous le permettront. Ainsi qu'essaie de le faire la nouvelle loi, il faut faire sortir l'armée des errements où elle a été engagée depuis long-temps ; il faut l'arracher à l'oisiveté des garnisons, apporter plus de soins à la composition du corps d'officiers dont un grand nombre considère leur noble carrière trop comme un moyen d'existence ; il faut enfin lui donner des habitudes de travail en y rattachant l'avancement. Sans cesser de récompenser généreusement les actions d'éclat, les bons et loyaux services, ne pourrait-on pas, par exemple, sur trois places vacantes en donner une à l'ancienneté jusqu'au grade de capitaine inclusivement et deux au mérite qui se constaterait par la bonne conduite, le zèle et des examens, qui compteraient pour un tiers, d'une somme de points convenue ? Dans cette hypothèse les chefs de corps établiraient, *avec certaines garanties*, des listes de propositions désignant par ordre de mérite les officiers en situation de concourir pour l'avancement. Cette présentation, quel que soit le grade, compterait, suivant le rang de présentation pour les deux tiers, la moitié ou le tiers du nombre de points exigés pour obtenir un grade supérieur, le reste serait complété par des examens dont le programme serait arrêté par le ministre de la guerre. Cette innovation dans la compétition des grades aurait outre l'avantage d'exciter l'émulation et le travail, celui d'amener à la tête de l'armée des hommes éprouvés et capables.

Cette organisation qui n'est, en partie, que celle prévue par la loi, concourrait, dans un temps peu éloigné, à rendre à la France, au point de vue des forces militaires, la position qu'elle doit avoir en Europe à cause de sa population agglomérée, de sa position géographique et de ses ressources de toute nature. Des officiers et sous-officiers détachés pourraient instruire sur place les hommes que l'on ne rassemblerait ensuite dans les camps que pour compléter leur instruction et celle des officiers supérieurs. La gendarmerie, dans l'hypothèse d'une instruction sur place, pourrait être d'un grand secours. Dans le cas où il deviendrait nécessaire de ne prolonger les droits de l'ancienneté que jusqu'au grade de capitaine compris, il serait juste de dédommager d'honorables services par des augmentations d'appointements à certaines périodes qui seraient ajoutées, dans tous les cas, au total de la retraite.

CHAPITRE IX

LA LOI ÉLECTORALE

Cette organisation administrative aurait pour moteur un système électoral politique qui, tout en réservant les droits de chaque citoyen, moyennant la présomption d'une certaine aptitude, ne pourrait cependant être une cause d'incertitude ou de troubles perpétuels. Les sociétés pour se développer ont autant besoin de sécurité que de liberté.

C'est en vain que quelques publicistes, dans leur amour féroce ou exagéré du suffrage dit universel, le considèrent comme un droit devant lequel tout doit s'incliner comme devant un dogme. C'est une exagération pitoyable. La conscience humaine, comme l'expérience, protestent contre une telle assertion, le suffrage universel n'étant qu'une exagération, une fausse interprétation de la souveraineté nationale qui repose sur des traditions plus que sur des textes qu'il n'est pas plus permis de violer qu'il n'est permis d'attenter à sa propre existence ; les publicistes auxquels on fait allusion confondent évidemment la souveraineté nationale avec ce qui en est la parodie.

Leur système, pris au pied de la lettre, serait dans la pratique d'une application impossible ; il serait en outre l'apothéose de la force, l'abdication de la justice et de la raison, l'inverse de ce qui se passe dans le monde, pour des situations bien moins importantes. Aussi ceux qui préconisent une telle aberration, nonobstant leurs affirmations sont-ils obligés de se démentir eux-mêmes en déterminant et réglant le suffrage qu'ils nomment universel.

D'abord ils commencent par le restreindre en n'attribuant l'exercice du droit de souveraineté qu'aux hommes à l'exclusion des femmes et encore aux hommes qui ont vingt et un ans.

Pourquoi aux hommes de 21 ans plutôt qu'à ceux de 20 ans ou de 18 ans? Evidemment parce que la loi civile, assez imparfaite elle-même, a fixé la majorité à vingt et un ans et parce qu'elle a présumé que l'homme, à cet âge, ayant atteint son développement physique est censé avoir assez d'expérience pour régler, non sans restriction, certaines affaires qui alors qu'il en aurait la connaissance, ne lui donneraient nullement l'expérience de celles de l'Etat. Mais ce raisonnement, qui a été fait, avec de nombreuses variantes, implique nécessairement une hiérarchie basée sur la maturité de l'homme, en attendant, comme la raison le veut, qu'elle le soit sur sa capacité et son expérience. Quant aux femmes, leur exclusion en masse est motivée sur une foule de raisons plus ou moins futiles et arbitraires qu'on entreprendra d'autant moins d'expliquer qu'elles viennent d'hommes qui proclament néanmoins, à l'occasion, l'émancipation des femmes.

Toujours est-il qu'aux yeux des plus implacables logiciens de cet ordre-là, le droit de souveraineté qu'ils posent comme un droit imprescriptible, que personne n'a le pouvoir de réglementer, ne peut être attribué, en ramassant tous les idiots, crétins ou vagabonds, etc., qu'à un cinquième à peine, des membres de la société. Mais, par la force des choses, qu'on le veuille ou qu'on ne le veuille pas, on est obligé d'y porter d'autres atteintes. La souveraineté, qui par sa nature semblerait ne pouvoir se diviser à l'infini, ne peut s'exercer que par groupes. Car il est impossible de réunir, à un jour donné, l'universalité des électeurs dans une sorte de vallée de Josaphat pour leur demander leur avis dans la nomination des représentants. Il faut de toute nécessité sortir de l'abstraction et régler que la souveraineté nationale s'exprimera par groupes et par délégation. Si, de ces faits émanés de la force des choses, on passe à l'examen de ceux que l'expérience nous fournit, on arrive à conclure que la souveraineté nationale ne peut et ne doit, au point de vue de la raison et de la justice, se manifester qu'en respectant les coutumes, par des combinaisons qui, sans blesser aucun droit, sont sans cesse corrigées par le temps et l'expérience, concourent à prouver que le droit électoral est plutôt une fonction qu'un droit. L'essentiel, en effet, consiste plutôt à donner au peuple les moyens de faire de bons choix que de lui imposer des devoirs ou des droits dont il ne saurait pas faire usage. Dès lors, il y aurait autant de raison que d'équité à ce que la loi électorale fût conçue de façon à réserver les droits de chacun, afin qu'il puisse en user aussitôt qu'il aura atteint l'âge et les conditions indispensables pour comprendre les obligations qu'elle impose. En considérant comme immuables les combinaisons au moyen desquelles elle s'est manifestée, ne s'exposerait-on pas à s'enfermer dans des impossibilités inextricables? N'est-il pas d'ailleurs de la dernière évidence que tout ce qui tient à l'organisation administrative doit se conformer aux fluctuations sociales et n'avoir, par suite, aucun caractère d'immutabilité. S'il n'en était pas ainsi, ne serait-ce pas dénier à la société elle-même le droit de veiller à sa propre sûreté et à son développement?

La loi électorale doit donc être, comme tout ce qui est combinaison administrative, subordonnée aux conditions de l'existence sociale qui exigent que l'électorat ne soit qu'une fonction et comme tel soumis à toutes les garanties que l'on demande à ceux auxquels on en confie. D'après ces considérations, si le suffrage universel est et doit toujours être scindé par groupes, pourquoi n'admettrait-on pas une autre série de groupes formée d'électeurs qui, outre qu'ils auraient les connaissances nécessaires, représenteraient toutes les idées et tous les intérêts de la société en offrant en même temps des garanties de sécurité sans lesquelles il n'y a pas de société possible ? Ce serait d'ailleurs mettre la loi d'accord avec ce qui se fait forcément, mais confusément, chaque fois que l'on a des élections à faire. Ne vaut-il pas mieux régler ce mouvement que l'on ne peut éviter, que de l'abandonner au hasard, à la merci des passions du moment qui, généralement, ont moins pour but l'intérêt du pays que le leur propre. D'ailleurs, la pensée d'une loi électorale basée sur la pondération des intérêts sociaux a été recommandée à toutes les époques par les hommes les plus éclairés et les plus sincèrement patriotes de notre pays et de l'Angleterre. Il ne faut pas perdre de vue que la loi électorale purement politique que l'on discute, serait destinée à l'usage d'un pays où les libertés communales et provinciales la garantiraient des influences du Pouvoir central qui, *dans le système exposé,* n'aurait plus le même intérêt qu'aujourd'hui, à s'immiscer dans les élections : la nation n'aurait plus qu'à se préserver de ses propres entraînements. M. de Tocqueville, que l'on ne saurait trop consulter quand il s'agit d'une telle matière, dans une lettre du 27 juillet 1853 à M. Greg, répondant aux questions qu'il lui avait adressées sur notre système électoral, passe en revue les différents modes d'élection qui ont eu lieu en France : 1° Sous la monarchie constitutionnelle ; 2° sous la République. Dans le premier cas, il fait remarquer les nombreux et graves inconvénients qui résultent de l'élection d'un petit nombre d'électeurs. Le plus grave, sans contredit, est que le pouvoir s'appuyait trop exclusivement sur une classe qui était encore elle-même, quoique non arrivée à la majorité politique, représentée par un trop petit nombre d'électeurs.

C'était évidemment retomber dans les mêmes difficultés sans avoir les avantages que le système aristocratique. On pouvait, et avec raison, reprocher à ce système les mêmes défauts, sans les mêmes raisons d'être. Il devait avoir et il eut contre lui les masses dont on ne s'occupait pas, dont on s'occupait même beaucoup moins qu'on ne le faisait dans le passé, et les anciennes classes supérieures que le sentiment de jalousie de la petite *oligarchie bourgeoise, maîtresse de la position, écartait impitoyablement du pouvoir, alors qu'elle aurait dû faire tous ses efforts pour les rallier.* Ce système électoral joint à la centralisation et à la subordination exagérée de la presse départementale, contribua puissamment à discréditer le gouvernement tel qu'on le pratiquait alors et qu'on veut *encore le pratiquer aujourd'hui.*

Le deuxième système qu'examine M. de Tocqueville est le scrutin de liste auquel il donne la préférence sur le premier, nonobstant l'espèce de terreur qu'il inspira à beaucoup de personnes qui furent, sous la république, effrayées de ce que pourrait faire, le cas échéant, « une masse inintelligente, alléchée « par le désir du pouvoir et dirigée par des sociétés secrètes. « M. de Tocqueville, sans entrer à ce sujet dans de grands « détails, ne paraît le juger que sur le résultat qu'il produisit.

« Il faut reconnaître, dit-il, que les deux élections suivant « ce système sous la république furent les plus libres et les « plus sincères qu'on ait vues en France depuis *l'élection* « *de* 1789.

« Il n'y eut aucune corruption ni intimidation d'aucune es-« pèce. L'intimidation fut tentée par le gouvernement et les « partis, mais sans succès. Le grand nombre des électeurs et « surtout leur réunion en grand nombre dans les colléges élec-« toraux de canton rendit l'action du gouvernement absolu-« ment insensible.

« Ce système redonna, au contraire, dans la plupart des
« provinces, aux riches propriétaires et au clergé plus d'in-
« fluence politique qu'ils n'en avaient eu depuis soixante ans,
« mais ils n'en abusèrent pas d'une manière sensible. Les
« choses se seraient-elles toujours passées ainsi? Je l'ignore :
« je constate seulement les faits dont j'ai été témoin, et j'af-
« firme que la majorité conservatrice qui domina successsive-
« ment dans les assemblées constituante et législative conte-
« nait plus de riches propriétaires fonciers, indépendants par
« leur fortune et leur manière de vivre, que je n'en avais ja-
« mais vu dans aucune assemblée dont j'ai fait partie pen-
« dant treize ans. »

Ce que dit M. de Tocqueville sur les effets du suffrage universel par scrutin de liste est exact; toutefois, il n'indique pas
par quelles circonstances ce résultat fut généralement obtenu.
Cependant il est très-important d'éclairer la discussion.
D'abord, il est juste et nécessaire de rappeler que le droit de
réunion qui existait alors, contribua puissamment, malgré ses
apparences tumultueuses, qui contrastaient avec les habitudes
moutonnières antérieures, à rapprocher les esprits, à dis-
cipliner le mouvement électoral et à fixer les choix. Ensuite
les élections par scrutin de liste ne furent réellement que
des élections au moins à deux degrés, sinon à trois. En effet
les populations affranchies comprenant promptement que si
chaque canton obéissait à ses penchants particuliers, à ses préférences, sans s'entendre préalablement avec les autres, on ne
parviendrait jamais à former une liste, envoyèrent tous des délégués au chef-lieu d'arrondissement d'abord, puis au chef-lieu
de département ensuite, afin d'arrêter la liste qui devait être
présentée aux électeurs. Ces réunions d'arrondissement et de
département furent généralement précédées d'une autre au
canton où figurèrent des représentants des communes.

De sorte qu'on peut affirmer que, dans beaucoup de départements, cette liste ne fut définitivement arrêtée qu'après avoir

passé par une triple filière : 1° liste double de candidats par chaque arrondissement; 2° choix définitif au chef-lieu de département par les délégués de tous les cantons ; 3° enfin, acceptation par la masse des électeurs dont les modifications apportèrent peu de changements à la liste préparatoire.

Il était du reste impossible d'arriver, en agissant isolément, à un prompt résultat. Ce fait, dans notre vie électorale, loin de pouvoir être opposé aux élections à plusieurs degrés ou à une réglementation du suffrage dit universel, en confirmerait plutôt la nécessité. Les populations, le cas échéant, y ont eu recours et y recourraient probablement encore, si elles n'étaient détournées de cette voie naturelle par les passions ambitieuses et les convoitises qui rôdent aujourd'hui autour d'elles et font une obligation de fixer par la loi ce qui avait été le résultat du bon sens agissant dans l'intérêt général. *Du reste, ce mode électoral par scrutin de liste, ainsi que tous les autres, quels qu'ils soient, seront toujours des leurres, et l'expérience ne peut laisser de doutes à cet égard, tant que l'ensemble administratif ne sera pas combiné de façon non-seulement à garantir des institutions libérales, mais encore à écarter absolument, entièrement, l'immixtion du nombre et celle du Gouvernement dans les élections.* M. de Tocqueville, qui vient de nous dire ce qu'il pensait du suffrage universel par scrutin de liste en 1848, était d'ailleurs partisan de l'élection à plusieurs degrés, ainsi que le prouve une lettre de sa correspondance adressée à M. de Corcelles... « Il y a un passage de votre lettre qui me « fait particulièrement *plaisir.* C'est celui où vous indiquez « comme *remède aux excès de la démocratie,* les élections à « à plusieurs degrés. C'est là, *à mon avis, une idée capitale* « qu'il est très-important de faire arriver peu à peu à l'imagi- « nation de ceux qui aiment la liberté et l'égalité des hommes.

« *Je crois fermement* que les différents degrés d'élection « forment le plus puissant moyen que possèdent les peuples « démocratiques, de donner la direction de la société aux

« plus habiles sans les rendre indépendants de tous les autres. »

Partout, du reste, où l'on veut sincèrement l'ordre et la liberté et les assurer par des *garanties sérieuses,* on raisonne de la même manière. Nous avons cité plus haut l'opinion des hommes d'Etat les plus éminents du Parlement anglais ; nous pourrions pousser plus loin notre examen sur les sages et justes précautions qui ont toujours été prises en Angleterre, où on a constamment gradué la tâche municipale et politique suivant la *capacité présumée,* et confié à chacun seulement le soin de *faire ce* qu'il sait.

En Belgique, on a toujours exigé un cens pour être électeur et la condition de vingt-cinq ans d'âge. Aux Etats-Unis, la législature s'est toujours refusée d'inscrire le principe absolu du suffrage universel dans la Constitution fédérale. Les citoyens sont actifs ou passifs, c'est-à-dire, votant ou ne votant pas, selon qu'ils sont jugés avoir ou n'avoir pas la *capacité indispensable.* De plus, aux Etats-Unis, les jours d'élection, les cabarets sont fermés comme le dimanche. Le bon sens et la justice veulent tout cela : il n'y a à s'écarter de ces règles si simples et si naturelles que les peuples qui finissent par périr au milieu de l'anarchie : ils donnent des emplois au hasard et font faire les choses les plus importantes par ceux qui les savent le moins.

Les systèmes électoraux qui conduisent ou exposent à de tels résultats ne sont pas seulement extravagants, ce sont des actes liberticides. Si la nation ne doit se livrer à personne sans précautions, elle peut et doit néanmoins avoir confiance en quelqu'un qui ne peut avoir que les mêmes intérêts qu'elle. Dans l'ancienne France, comme aujourd'hui chez les peuples libres, toutes les classes ont concouru à son développement, mais dans la mesure de ce qu'elles pouvaient fournir.

D'après ces considérations la loi électorale politique devrait être conçue d'une façon élastique pour comprendre au nombre des électeurs tous ceux qui auront ou voudront acquérir les conditions *intellectuelles* et *matérielles*, au moins présumées nécessaires, pour remplir les obligations dont la loi les aura chargés. Ces réserves seraient d'autant moins exclusives que toute l'organisation proposée tend à développer tous les intérêts sociaux, au profit, non de tel ou tel gouvernement, de telle ou telle coterie, mais au profit de tous les membres de la société quelle que soit leur situation. Sous le bénéfice de ces précautions qui sont indispensables pour garantir les droits de chacun et la sécurité, les députés seraient nommés par le corps électoral suivant : 1° chaque circonscription de 60 à 70,000 âmes nommerait un député; 2° ce député serait élu par les membres des conseils municipaux, cantonnaux et généraux; 3° les personnes portées sur la liste du jury; 4° les membres du clergé ; 5° les fonctionnaires de l'État ; 6° les officiers et sous-officiers, jouissant d'un traitement de retraite ou de réforme ; 7° les membres du barreau ; 8° les membres des tribunaux de commerce et de prud'hommes ; 9° les membres des bureaux de bienfaisance, des hospices, des sociétés de secours mutuels et d'agriculture ; 10° les médecins, chirurgiens, pharmaciens, exerçant ou retirés; 11° les notaires, les officiers ministériels quelle que soit leur dénomination ; 13° les propriétaires payant cent francs d'impôt foncier; 14° les commerçants et industriels payant une patente de cent francs; 15° les cultivateurs jouissant, par bail notarié ou enregistré, d'une exploitation agricole de cinq cents francs par an ; 16° les locataires jouissant par acte notarié ou sous seing privé enregistré d'un immeuble de six cents francs; 17° tout électeur politique aura 25 ans d'âge et nul ne pourra être élu député avant 30 ans.

Avec une telle loi électorale, fonctionnant dans un pays libre, administrant lui-même ses affaires particulières, il nous paraît certain qu'aucune des facultés, des traditions, des influences entre lesquelles la nation se divise, ne serait absente du corps électoral et ne pourrait, dans aucun cas, effacer ou opprimer les autres d'une façon durable.

Toutes les élections, hormis celles des communes auraient lieu au chef-lieu de canton, sous la présidence du président du conseil cantonal, qui aurait pour assesseurs, le maire du chef-lieu de canton, vice-président, le président du conseil municipal du chef-lieu de canton et les deux plus jeunes présidents des conseils municipaux du canton.

CHAPITRE X

CONCLUSIONS

L'organisation qui fait l'objet de cette étude n'est point sans doute une panacée, mais elle serait incontestablement mieux combinée que l'organisation actuelle pour atteindre les divers buts que doit se proposer toute bonne et pratriotique administration : la liberté des citoyens, l'accroissement de la richesse publique par le travail, l'extension du droit de propriété accompagnant les progrès de l'éducation, de l'instruction et de la sécurité. On a fait pour reconstituer la société, en respectant tous les droits acquis, le contraire de ce que firent Rabaut-Saint-Étienne, Barrère et compagnie pour la démolir.

Ils avaient émietté la France, pour la mieux dominer : on rétablit des circonscriptions mieux appropriées à notre état actuel, et plus propres au développement de nos intérêts moraux et matériels, et au maintien de notre dignité. La charpente est vermoulue, on en fait une neuve afin que nous ne soyons pas écrasés sous les ruines de celle d'aujourd'hui. L'action politique qui avait lieu uniquement au profit de l'État et de ceux qui parvenaient aux premiers rangs, en vertu d'une pensée subversive, aurait lieu au profit des individus qui, dans l'ensemble, doivent être sans cesse l'objet de tous les efforts.

Pour bien saisir le but des modifications proposées, il ne faut pas perdre de vue que l'organisation actuelle fut créée pour

faire table rase du passé, de notre vie antérieure... « pour
« changer les idées, changer les lois, changer les mœurs,
« changer les hommes, changer les choses, tout détruire, oui,
« tout détruire !... » sans s'inquiéter de ce que l'on mettrait
à la place du chaos que l'on accomplissait. Eh bien ! c'est cette
organisation déplorable, née de la fournaise révolutionnaire et
combinée suivant les paroles sinistres que l'on vient de repro-
duire, qu'il s'agit de modifier, sous peine de périr misérablement. On connaît le remède, mais on n'ose l'appliquer pour des
motifs que l'on a intérêt à cacher. Que l'on ne cherche pas à
atténuer ces assertions que douze révolutions, en trois quarts
de siècle, et le témoignage des hommes les plus considérables
et les plus opposés, viennent confirmer.

« Non, s'écrie M. de Montalembert, dans son livre de l'ave-
« nir de l'Angleterre, non, l'Angleterre ne comprendra ni ne
« pratiquera jamais cette doctrine nouvelle qui présente au
« monde comme l'idéal du passé et de l'avenir, un régime où
« nul ne peut ni agir ni monter qu'en rampant, où le talent,
« la vertu, la pensée, le courage ne comptent pas, *à moins de*
« *porter la livrée du pouvoir.* »

A ce témoignage, si vrai et si énergique, ajoutons celui d'un
homme dont les paroles, quoique moins autorisées, n'en sont
pas moins importantes,

« ... A la place, disait M. de Persigny, dans un discours à
« Saint-Étienne, à la place d'une grande aristocratie couvrant
« le sol de vastes domaines immobilisés par le régime des sub-
« stitutions et disposant d'énormes moyens d'influences, *nous*
« *avons une hiérarchie administrative qui constitue à elle seule*
« *toute l'organisation politique de notre démocratie et en de-*
« *hors de laquelle il n'y a plus que* DES GRAINS DE SABLE SANS
« COHÉSION, SANS ADHÉRENCE ! »

En présence de ces déclarations et des faits qui les confirment, n'est-il pas de la plus grande évidence que, si l'on ne
peut faire peser complétement la responsabilité des révolutions

qui nous ont réduits à l'état où nous sommes, sur l'organisation administrative et politique de la France qui *règle tout, dirige tout, perçoit les impôts et les distribue à sa volonté, qui nomme à tous les emplois, à tous les honneurs*, on conviendra au moins que, nonobstant l'immense pouvoir dont elle dispose, elle a toujours été non-seulement [impuissante à les prévenir, mais qu'elle les a subies en aggravant de plus en plus le sort des malheureux grains de sable qu'elle remue au-dessous d'elle ?

Dès lors, pourquoi ne pas modifier une organisation qui est non-seulement impuissante contre le désordre, mais est une cause de perturbation par les convoitises honteuses qu'elle fait naître et qui se traduisent par des haines inextinguibles.

Le remède est certainement dans des réformes équitables qui, en faisant sortir la masse des citoyens de l'état de grains de sable où on les tient, ainsi que vient de l'expliquer un de ces inconscients personnages que l'anarchie révolutionnaire a mis un instant au pouvoir, leur rende enfin leurs droits les plus nécessaires et les libertés dont ils ont été violemment privés et que l'on continue à détenir si imprudemment.

Attendra-t-on pour constituer notre malheureux pays, selon les principes d'équité qui sont du reste le fond du sentiment général de cette société, qu'il n'y ait plus de remède possible, et que, dans la confusion, chacun cherche en lui, ou à côté de lui un moyen de sauvetage ?...

La dictature, quelque forte que soit la main qui tiendra le gouvernail, sera impuissante et ne servira qu'à étayer, en vain, un échafaudage vermoulu, qu'aucune vertu ,qu'aucun courage ne peut maintenir longtemps sur pied ; d'ailleurs, ce serait la continuation de l'exploitation qui, depuis près d'un siècle, ronge et détruit la France en la maintenant dans un provisoire perpétuel : les mêmes moyens feront naître sans cesse les mêmes passions qui amèneront les mêmes désordres.

L'Assemblée nationale a perdu plusieurs occasions de

constituer un pouvoir définitif et il serait déplorable de la voir, dans un moment critique, manquer la seule chance qui lui reste encore et écouter des préventions fâcheuses. Un seul pouvoir, quoi qu'en puissent dire certains politiques qui consultent plus leur ambition que leur patriotisme, serait de nature à dominer les factions, à créer un parti national et à replacer le pays dans une situation normale : ce pouvoir, c'est la monarchie héréditaire et traditionnelle.

Aucun autre pouvoir, dans l'état des affaires intérieures et extérieures, ne pourra que maintenir un ordre apparent, sans arrêter l'anarchie qui a produit tous nos malheurs. Un provisoire quelconque, quelque bien organisé qu'il soit, ne peut faire que du provisoire et c'est précisément ce qui nous a perdus (1).

G. DE KÉRIGANT

Membre du conseil général des Côtes-du-Nord,
ancien membre de la Commission de décentralisation
de 1870.

(1) On objectera peut-être que l'on a fait tout ce que l'on a pu pour rétablir la monarchie. Sans nier les efforts qui ont été vainement tentés, avec bonne foi sans doute, on peut cependant dire que ces efforts ont été suivis de mesures très-précipitées qui, aujourd'hui, sont peut-être un embarras pour beaucoup. En présence des obstacles imprévus qui ont subitement arrêté les projets de la majorité de l'Assemblée nationale, n'aurait-on pas pu organiser la monarchie avec un conseil de régence dont le maréchal de Mac-Mahon aurait été le président? Cette organisation qui était très-possible au moment dont on parle, l'est-elle encore aujourd'hui?... Ce serait peut-être un moyen de concilier les vœux de la majorité avec les engagements qu'elle a pris vis-à-vis le maréchal et aussi vis-à-vis de la France, qui veut sortir du provisoire. Il faut opter.

G. de K.

PARIS. — IMP. VICTOR GOUPY, 5, RUE GARANCIÈRE.

TABLE

PARIS. — IMP. VICTOR GOUPY, RUE GARANCIÈRE, 5.

www.ingramcontent.com/pod-product-compliance
Lightning Source LLC
Chambersburg PA
CBHW061217030726
47595CB00004B/1293